新修版

南懷瑾大師的16堂課

張笑恒 著

目錄

第三課　人生在世，只為「執念」而苦

第四課　忍耐一切不如意

第五課　不過於追求圓滿

目錄

南懷瑾大師的16堂課

目錄

第十四課　真正的信仰是心靈的恭敬

第十五課　解脫和悟道

第十六課　參透生死，生命只在呼吸間

前言

南懷瑾先生於一九一八年出生在浙江樂清柳市的一個世代書香之家。他在青年時期就已經涉獵遍及諸子百家，精研四書五經，同時還會拳術、劍道等多種中國功夫。南懷瑾先生生前奔波教化三十餘載，全力講述、印行傳統文化經典，著述達三十餘種，其中關於佛家的有《如何修證佛法》、《金剛經說什麼》、《藥師經的濟世觀》、《圓覺經略說》等。

「禪宗大師」「宗教家」「大居士」「教授」「哲學家」以及「國學大師」，這些全都是人們對南懷瑾先生的稱謂。他還一度名列「臺灣十大最有影響的人物」榜。有人評價他說：「在當今這個時代環境裏，還有這樣一位衆所景仰的國學大師，奉獻自己的全部心力，繼續著孔聖、釋迦佛以來的偉大教化，薪火相傳，永不止息……」

有人認爲，佛學是印度的產物，因此要想學正統的佛學，就要先從印度文化入手。對此，南先生表示：「隨著時代的進步，社會的變遷，文字產生了很大的變動。即使孔子在世，親自來講《論語》，大家也可能聽不太懂。語言文字雖然有關，要緊的仍然是學問的本身……今日要研究佛學，只有在中國文化中去尋求。」

南懷瑾，這位中國傳統文化的傳播大師，於二〇一二年九月廿九日下午四時在蘇州太湖大學堂逝世，享年九十五歲。南先生已逝，但是他卻爲我們留下了大量寶貴的精神遺產。他用現代的思想理念來解讀中國的傳統文化，讓傳統文化更加具有現實意義。

南懷瑾先生在講授佛學時，並非是枯燥地照搬佛家的經典，而是結合實際，並適時運用幽默詼諧的語言，讓佛家的思想變得生動形象、簡單易懂。南先生講佛學，不僅是教人如何學佛，也教人如何做人。

本書就南懷瑾先生的佛學觀點，結合一些小故事，期望讀者能從中更加瞭解南先生的佛學思想的真義。

第一課 慈悲心是修行的根本

佛本多情

古人云：「不俗即仙骨，多情乃佛心。」

南懷瑾先生說：「一個人不俗氣很難，能夠脫離了俗氣，就是不俗，不俗就是神仙。菩薩則犧牲自我，利益一切眾生。所以說，世界上最多情的人是佛，是菩薩，也就是覺悟有情。」

南懷瑾的一位老師自己沒有兒子，看到自己的朋友生了一個兒子，非常高興，激動得眼淚都掉下來了。

南懷瑾看到後說：「老師，您還沒有看開啊！」

老師抓住南懷瑾的手說：「你認為我不應該動情？」

「對呀！」南懷瑾理所當然地回答。

老師又問他：「你讀過《中庸》沒有？你背背看！」

於是，南懷瑾就把《中庸》背了一遍，當他背到「喜怒哀樂之未發，謂之中……」的時候，突然停了下來。

老師說：「怎麼不背下去？」

南懷瑾回答說：「老師，我已經明白了。」

老師欣慰地笑了笑。

南懷瑾後來回憶說：「背到這裏，我已經挨了一棒了。吃棒子，可不是拿棍子在頭上敲。下一句：『發而皆中節，謂之和。』『致中和，天地位焉，萬物育焉。』聖人也有情啊！菩薩大慈大悲就是多情人，怎麼說是無情？」

南先生在一次講佛經時說：「『菩薩』是佛弟子中，走大乘路線的一個總稱。佛的出家弟子們，離開人世間妻兒、父母、家庭，這種出家眾叫作大比丘眾。在佛教經典中的出家眾，歸類到小乘的範圍，他們離開人世間的一切，專心於自己的修行，也就是放棄一切而成就自己的道，叫作小乘羅漢的境界。這在中文裏叫作自了漢，只管自己，其他一切不管；禪宗則稱之謂擔板漢，挑一個板子走路，只看到這一面，看不見另一面。」

有一個人是武士出身，他有一身的好武藝，機緣巧合下做了一個地方官的隨從。後來，他與地方官的妻子發生了私情，紙包不住火，儘管他們極力隱藏，這件事還是被人發現了。

自衛中，武士失手殺了那位官員，然後就逃走了。因為東躲西藏，沒有生活來源，他的生活十分窘困，甚至淪落到以偷盜謀生的地步。他對此深惡痛絕，最後離開了這個地方，去了很遠的一個寺廟出家，做了一名僧人。

為了彌補自己的罪過，他下定決心要在有生之年完成一件善舉。他知道某處的懸崖非常危險，已斷送了不少人的性命，便決心在懸崖中挖一條隧道，為人們開闢一條安全的通道。他白天乞食，夜晚挖掘隧道，長年累月，日日不輟。轉眼間，三十年過去了，這條隧道終於快要挖通了。

這個時候，他殺死的地方官員的兒子找到了他，要報殺父之仇。他平靜地對那個年輕人說：「我心甘情願地把我的命給你。但是，請讓我挖成這條隧道，等到這件工作完成之後，你就可以殺了我。」那個官員的兒子並不是不講理的人，便答應了他的要求。

時間一天天過去，他仍在不斷地挖著。一晃幾個月過去了，地方官的兒子因為十分無聊，就幫他挖掘。後來，地方官的兒子足足幫了他一年，逐漸對三十年如一日挖掘隧道的殺父仇人的堅強意志產生出敬佩之情。

又過了幾個月，隧道終於挖成了，人們可以從這裏安全通過。僧人放下手中的工具，欣慰地長吁一口氣說：「隧道完成了，我心願已了，現在請你殺了我吧。」

這時候，地方官的兒子卻說：「你的所作所為，我都看在了眼裏。可以說，你是我人生中的老師。因為你的善行，我決定不殺你了。」

南懷瑾在講《圓覺經》時曾說：「菩薩來到人間，並不是因爲貪愛，而是爲了慈悲眾生，爲了讓眾生捨棄貪愛；而菩薩投胎的時候，又假借貪欲的作用而入胎。這話說得多高明，但是，我們說句良心話，難道慈悲不是情嗎？慈悲也是情啊！把小我的貪欲擴大了就是慈悲，慈悲乃菩薩之累……菩薩的全稱叫菩提薩埵，菩提者覺悟也，薩埵者有情也、多情也，合起來就是覺了悟、得了道的多情人，這就叫菩薩。菩薩是因慈悲而有情。」

古時候，有一位清廉勤政、德行高尚的大官。這位大官年紀大了，就辭官回到了家鄉頤養晚年，鄉里人都很景仰他、尊敬他。一次，村子裏的一個人喝醉了酒，對著辭官老者的門口大聲叫罵。老者修養好，對僕人說：「這個人喝了酒才如此，不要計較。」然後就掩門回避。

過了幾個月，這個罵人者喝醉了酒和人打架，結果把人打成重傷，最後被判了刑，關進了牢獄。老者知道後，後悔說：「我之前的行為是錯誤的啊，沒有能夠幫助他。假如當初我和他計較，給他點小的教訓，讓他知道醉酒鬧事的害處，受到警戒，或許他就不會發展到今天這種地步了。只怪我僅僅想到存心仁厚，不要和人計較，沒想到卻進一步助長了他的惡習。」

有的時候，心存不恰當的好意，也是會壞事的。佛說：「慈悲生禍害，方便出下流。」南懷瑾先生對此解釋說：「一般學佛的人講究『慈悲爲本，方便爲門』，可是要善於運用，不當的慈悲容易衍生禍害。」

2 為天下蒼生而忙

佛說：「信佛，學佛，不是爲自己，乃是爲了一切苦海中的眾生。」

南懷瑾先生在談到他對佛的理解時曾說：「最壞的人，也曾做過許多好事，而且不會永遠壞；好人也曾做過許多壞事，將來也不一定會好。如此，我們反覆思索，所謂的冤親、賢愚，這許多差別的概念，自然就會漸漸淡了。這絕對不是混沌，也不是不知好壞，而是要將我們無始以來的偏私差別之見，以一視同仁的平等觀念罷了！」

有一天，一個小沙彌滿懷疑慮地去問無名禪師：「禪師，您之前告訴我們說學佛要發心普度眾生，那如果那人是個十惡不赦的壞人，已經不能把他當作普通人來看待了，我們還要度他嗎？」

禪師並沒有立刻回答小沙彌的問題，而是拿起筆在紙上寫了一個像印章上那樣正反顛倒的「我」字。

「這是什麼？」禪師指著桌子上那個寫反的字問小沙彌。

「這是個『我』字，只是寫反了。」小沙彌恭敬地答道。

「那這是個什麼字呢？」禪師又問。

小沙彌答：「一個『我』字！」

「那這個寫反的『我』字算不算字？」禪師追問。

「不算！」小沙彌肯定地回答。

「既然不算，你為什麼說它是個『我』字？」

聽禪師這麼一問，小沙彌立即改口說：「算！」

「既算是個字，你為什麼說它反了呢？」禪師繼續問。

小沙彌一下子愣住了，不知道該如何回答這個問題。

這時，禪師說：「你說它是反寫的『我』字，主要是你心裏真正認得『我』字；如果你原本不認識這個字，你就無法分辨這個字有沒有寫反。在這種情況下，假如我告訴你這個字就是『我』字，那麼你以後遇到正寫的『我』字時，倒要說寫反了！」

「這個字不管是正寫還是反寫，你都認得它是什麼字。」禪師接著說道，「好人是人，壞人同樣也是人。最重要不在於人的差別，而在於你要認識人的本性。當你遇到惡人的時候，要一眼便能看清他的善惡，並喚出他的『本性』。本性明瞭了，也就不難度化了。」

佛家有句話叫：我不入地獄，誰入地獄？南懷瑾先生對此的解釋是：「佛宣導教化一切眾生，雖然地獄險惡，但是若無人願下地獄，那麼地獄中最應教化的眾生誰人來度呢？這個重任，就交給佛自己吧！」

南懷瑾先生認爲：「佛要教化一切眾生，慈愛一切眾生，對好的要慈悲，對壞的更要慈悲。好人要度，要教化，壞人更要教化；天堂的人要度，地獄裏的更可憐，更要度。這是佛法的精神，所以說要度一切眾生。」

盤圭禪師是一位得道高僧，很多誤入迷途的人都因他的感化而獲得了新生。他的一個學生有偷竊的壞毛病，禪師多次教誨，學生都沒當回事。後來因為行竊，這個學生被人抓住，面對找上門來的失主，禪師的眾學生感到羞愧難當，紛紛要求禪師嚴懲那個學生。但是盤圭用自己的寬厚仁慈之心原諒了那個學生。

可是沒過多久，那個學生竟然又因為偷竊而被抓。眾學生覺得忍無可忍，為了寺院的名聲，他們一致認為要把那個偷竊的學生趕出去。於是眾人聯名上書，表示如果再不處罰這個人，他們就集體離開。

盤圭看了他們的聯名上書，把他的學生都叫到跟前來說：「你們都能夠明辨是非，這是我感到欣慰的。你們是我的學生，如果你們認為我教得不對，可以去別的地方，但是我不能不管他。因為他還不能明辨是非，如果我不教他，誰教他呢？所以，不管怎麼樣，即使你們都離開了我，我也不能讓他離開，他需要我的教誨！」

眾學生聽後，心中的不滿不知不覺間消散了，心中只剩下對禪師的尊敬，而那個偷竊者也早已感動得熱淚盈眶。

佛曰：放下屠刀，可以立地成佛。「善惡是法，法非善惡」，善惡只在一念之間。從本性上看，每個人都是一樣的！

「心懷天下蒼生，時時克制世間名、利、情的襲擾，用堅韌不拔的毅力，勤奮精進追求真理，修得的無窮的智慧以慈悲善良的胸懷普度眾生，引導大家脫離人生爲名利無休止爭鬥的苦海……」這就是佛的境界。

3「婦人之仁」是真正慈悲的表露

佛說：一切佛法如果離開慈悲，則爲魔法。慈愛眾生並給予快樂，稱爲慈；同感其苦，憐憫眾生，並拔除其苦，稱爲悲。二者合稱爲慈悲。慈悲是世界上最強大的力量。只要我們有一念之慈，萬物皆善；只要我們有一心之慈，萬物皆慶。

南懷瑾先生告訴我們：「實際上，婦人之仁也正是真正慈悲的表露。正如齊宣王看見一頭牛發抖不忍宰殺，擴而充之，就是大慈大悲、大仁大愛。只可惜沒有擴而充之而已。一般的婦人之仁，如果擴而充之，就是仁之愛，那就非常偉大了。」

有一次，弘一法師到他的學生豐子愷家中做客，豐子愷忙請他在一把籐椅上就坐。他卻先把籐椅輕輕地搖動了幾下，然後才慢慢地坐下去。豐子愷感到十分不解，卻也不好意思多問。

可從那以後，法師每次坐下來之前，都要重複相同的動作，都是先輕輕搖動幾下籐椅之後才肯坐。豐子愷便忍不住問法師為什麼要這樣。

法師回答說：「這椅子裏頭，兩根籐之間，也許有小蟲伏著，突然坐下去，會把牠們壓死，所以先搖動兩下，再慢慢地坐下去，好讓牠們避走。」

弘一法師在離世四個月之前，已謝絕醫藥，有條不紊地交代後事。他特意叮囑妙蓮身體火化時，要在周圍四角放四隻裝滿水的小碗，以免螞蟻進去被焚化……

南懷瑾認爲，古人說的「婦人之仁」，是要人們的慈悲具大仁大愛，所以才用婦人之仁——看見一滴血就尖聲驚叫的「仁」來作反面的襯托。這種慈悲之心不是婦人所特有的，男人也同樣可以有。

魯迅先生也曾說過：「無情未必真豪傑，憐子如何不丈夫。」

魯國國君孟孫有一次帶著秦西巴等一幫臣子和侍衛進山打獵。孟孫捉到了一隻幼鹿，這隻鹿十分俏麗可愛。孟孫非常高興，就下令讓秦西巴先行回宮，把活捉的幼鹿帶到皇宮中，賜給皇后玩賞。

秦西巴在回宮的路上，突然發現幼鹿的母親緊跟其後，不停地哀號。母鹿和幼鹿遙遙相呼，叫聲十分淒慘。秦西巴實在不忍心讓這一對鹿母子骨肉分離，於是便把幼鹿放了。

孟孫打獵歸來，秦西巴對他說自己放走了小鹿，孟孫打獵回來的興高采烈頓時化為烏有，一怒之下，將秦西巴趕出了朝廷。

一年之後，孟孫的兒子，也就是魯國的太子，到了讀書年齡，需要找尋一位教書的老師。在人選的問題上，孟孫犯了難，怎麼都找不到一位令他滿意的好老師。大臣們向孟孫推薦的人，孟孫都不滿意。

這個時候，孟孫突然想起了被自己趕走的秦西巴，立即命人去尋找秦西巴，並把他請回宮來，拜他為太子的老師。

大臣們對孟孫的做法很不理解，忍不住問道：「秦西巴當年自作主張，放走了大王所鍾愛的鹿，他是有罪之人，您現在反而請他來做太子的老師，這是為什麼呢？」

孟孫說：「秦西巴學問出色，更有一顆仁慈的心。他對一隻幼鹿尚且如此憐憫，寧可受我責罰也不願傷害牠，請他做太子的老師，我非常放心。」

南懷瑾先生說：「世界上任何一個人，在心理行為上，即使一個最壞的人，都有善意，但並不一定表達在同一件事情上。有時候在另一些事上，這種善意會自然地流露出來。這種善意既不是真正的仁愛，也不是偽善，只是婦人之仁而已。」

秦西巴因為不忍看到母鹿和幼鹿骨肉分離，就放走小鹿，這在一般人的眼中就是「婦人之仁」，然而，也就是這種婦人之仁才是發自內心的、真正的慈悲。俗話說貌由心生，心存善念，我們也會漸漸變得慈眉善目、面貌和藹。懷一顆慈悲之心，多做善事，我們就能夠到達心靈的仙境，就能夠觸摸善良和美好。

佛家典籍《寶鬘論》中說：「每日三時施，三百罐飲食，然不及須臾，修慈福一分。天人皆慈愛，彼等恆守護，喜樂多安樂，毒刀不能害。」海濤法師曾說：「學佛修行之可貴，在於常湧慈悲心，視萬物與我一體，同體大慈力，同懷大悲心，即使在境界現前時，亦能超脫凡情、俗念，拂逆困厄，而不變道心。」

4 同情弱者是天下最高的學問

佛家有云：行菩薩道，不僅要說法度人，還要以自己發自內心的慈悲和關愛去感召他人，讓所有人感受到菩薩的德行和智慧。

當有人問南懷瑾先生，天下最高的學問是什麼時，他毫不猶豫地回答：「同情弱者，幫助弱者。」

一個老和尚帶著個六七歲的小和尚走進一個小飯館。飯館的老闆佈施給他們每人一個餅，他們正準備坐下吃餅時，店裏又進來一個人。那人穿著一件破爛的上衣，弓著背，緩慢地走向狼藉的飯桌，尋找殘羹剩飯。

當他拿起別人吃剩下的東西時，小和尚不解地向老和尚問道：「師父，那人為什麼吃別人剩下的飯菜？」

「他餓了，但是沒有錢買飯菜。」老和尚小聲地告訴小和尚。

「我們能給他一個燒餅嗎？」小和尚憐憫地看著那個人。

「他是個有骨氣的人，只吃別人不要的東西。」老和尚搖頭道。

小和尚突然拿起手中的餅咬了一小口，然後跑到那人面前，把餅放在他前面的桌子上，又很快跑了回來。那人很驚訝，感激地看著小和尚，拿起那個「吃剩的餅」開始狼吞虎嚥。

看到這些，老和尚欣慰地拍了拍小和尚的頭。

南懷瑾先生說：「對於不及我們的人，不必討厭他，要同情他，能夠幫助的就儘量幫助，即使不能幫助，也要包容、原諒人家一點。如果自己是對的，當然要助人；自己不對就免談。」

南懷瑾先生講過這樣一個故事：「釋迦牟尼有一個弟子，眼睛看不見，但還是自己縫衣服。有一天，他穿不起針線來，就在那裏大聲叫，想讓哪位同學幫他穿一下針線。但是他的同學，那一班羅漢們，都在打坐入定，沒人理他。釋迦牟尼這位老師，就自己下來幫他穿好針線，交到他手上，教他怎樣縫。這個學生一聽到聲音，才知道是釋迦牟尼。他忙說：『老師，你怎麼親自來？』釋迦牟尼說：『這是我應該做的。』而且馬上給弟子上了一課，說：『人應該做的，就是這種事，爲什麼不肯幫助殘疾人、窮苦人呢？』」

佛家認爲，同情弱者是人的一種天性和本能，也是一種慈悲心的表現。佛陀憐憫一切眾生，以清淨心、平等心對待一切眾生，即是大慈悲心。弱者很多，能幫一個是一個。

5 沒錢也一樣能佈施

佛陀在《涅槃經》中說：「若於一眾生，不生嗔恚心，而願與彼樂，是名爲慈善。」「佈施、持戒、忍辱、精進、禪定、般若」是佛法修行的六度。這六個修行原則中，佈施是排在第一位的，可見佛教中對於佈施的看重。

南懷瑾先生說：「佈施必須是把自己的並且自己也需要的東西施於他人，才會有佈施的果報。拿衣服、錢財、醫藥送給人家，是外佈施；把自己的煩惱完全清淨掉，是內佈施；給人以精神上的，乃至生命上的安慰和支持，是無畏佈施。佈施的信心一生起，就必須馬上實行。比如今年大陸發水災，我覺得應該佈施災民，就馬上做了。用不著等號召起來再做，那已經是來不及了。」

一個人跑到佛祖面前哭訴：「我無論做什麼事都會倒大楣，這是為什麼？」

佛祖告訴他：「這是因為你沒有學會佈施。」

「可我是一個窮光蛋呀！」

佛祖說：「並不是這樣的。一個人即使沒有錢，也可以給予別人六樣東西：顏施、言施、心施、眼施、座施、身施。任何人只要有了這六種習慣，好運便會如影隨形。」

佛經中這樣講述佈施的好處：以悲心佈施，能遠離殺害逼迫；以喜心佈施，能遠離憂愁苦惱，無所畏懼；以捨心佈施，心無掛礙；以清淨心佈施，得無上智慧。

有一座半山腰上的寺廟，香客很多，來來往往很熱鬧。香客來寺廟拜佛許願的同時，都會留下一些錢財作為「香油錢」以供奉佛祖。

這天，來了一個叫花子，他參拜完佛祖之後，向著盛放「香油錢」的匣子走過去，他沒有放錢，只是往裏面放了一束野花。旁邊的小和尚看見了剛要阻止，身旁的另一個和尚悄悄地拉了拉他的衣袖，低聲對他說：「這鮮花，也是香油錢。」

小和尚對這話並不是很明白，但是也沒有多說什麼。到了晚上快要睡覺的時候，他又想起了白天的事，於是就拿著那束鮮花來到師父的房間。師父看著鮮花就知道是什麼事情了，沒有問小和尚任何話，只是看著野花，面露欣賞的微笑。

小和尚剛想要開口問師父，但是看著師父的笑容，他突然了悟了：供佛不一定非要用金錢，一束野花能讓人心生愉快，不也是一份虔誠的佛心嗎？

南懷瑾先生說：「佛講有三種人雖然不一定佈施自己的財物，但只要有『淨心』，同樣也會有施福：第一種，你受委託人之派遣，拿著他的財物去佈施。你的發心、動機，出於和那個施主同樣的『淨心』，所以你也同樣有佈施的功德。第二種，自己雖無能力佈施，看到別人肯佈施，由衷地感到高興，或也盡己所能，助上一份，這也同樣有施福。不是像社會上有些人，看到人家做好事，心存嫉妒，甚至雞蛋裏挑骨頭，散佈流言蜚語。第三種就是勸人多做佈施，同自己拿出東西做佈施一樣，都可以得到佈施的福報。」

佛家常說：「無緣大慈，同體大悲。」南懷瑾先生對此的理解是：「佈施是無條件的，以別人的痛苦和需要爲自己的痛苦和需要，這才是佈施。」

有一天，一個憂心忡忡的大財主來到一座香火鼎盛的寺廟，請教寺廟的住持：「我雖然很有錢，日子很富足，但卻感覺不到幸福，我甚至不知道該用這些錢來做什麼。大師啊，請您告訴我，我能用金錢買來歡樂和幸福嗎？」

住持拿著一面鏡子，將財主領到山門前，山下熱鬧非凡，大街上車水馬龍、熙熙攘攘。住持問財主：「你看到了什麼？」財主說：「我看到很多人，很熱鬧，他們看起來很快樂。」

住持把手中的鏡子放在財主面前，又問他看到了什麼。財主說：「我看到了我自己，我看起來悶悶不樂。」

住持笑著說道：「看著鏡子，你只能看見自己；拿掉鏡子，沒有什麼阻攔你的視線，你就看到了別人，也看到了美麗的世界。金錢就好比這一層薄薄的金屬鏡子，擋住了你的眼睛，更蒙住了你心靈的眼睛，你守著你的金銀財寶，就像守著一個封閉的山洞一樣。」

大財主得到了啟示，在以後的生活中，他盡可能去資助那些困難的人，把自己的仁愛和關懷帶給他人，得到幫助的人則用無盡的感激和祝福報答他。財主從中得到了歡樂，心情也逐漸變得開朗多了。

南先生告訴我們：「真正純淨的佈施，就是要有愛心，尊重人家，信任人家，樂意幫助任何一個人，乃至貓、狗、蟲子等一切有生命的生物。」他認為我們要有慈心，即對一切眾生生起慈悲心；要有常心，在理性指導下有恆久的愛心，也就是說，你今天做了好事，幫助了別人，然而他明天還需要幫助，你依然要肯犧牲自我去幫助他；還要有「喜心」，也就是對他人的幸福生起由衷的喜悅感，同時樂於做好事。

南懷瑾先生還說：「爲什麼人要佈施、要慈悲呢？拿中國古文來講，就是『義所當爲』四個字，人生就應該這樣做。利人、助人、慈悲，這樣不停地佈施，他所得的福德果報就會大得像虛空一樣不可思量。」

6 樂施還要善施

在一條被白雪覆蓋的山路上，兩個旅行家艱難地向前走著，風雪還在繼續，刺骨的寒氣不斷侵襲著他們，儘管兩人沒有停下腳步，但還是忍不住哆嗦起來。

忽然，他們看到路上有個老人躺在雪地中。一個旅行家上前試探了一下老人的鼻息，他還活著，如果放任不管的話，老人一定會被凍死在這雪地中。於是，這位旅行家就對自己的同伴說：「來幫幫忙，我們帶他一起走吧！」沒想到他的同伴氣憤地說：「在這種鬼天氣裏，我們連自己都顧不好，哪還有功夫顧及他人！」說著便獨自離去了。

這位旅行家實在不忍心把一個老人扔在這裏不管，只好一個人背著老人繼續前行。走著走著，旅行家就開始出汗了，他身上的熱氣也逐漸溫暖了老人凍僵的身體，老人竟然慢慢恢復了知覺，身體也開始熱乎起來，兩人用彼此的體溫互相取暖，居然忘卻了寒冷的天氣。

「我們終於到了！我們要得救了！」旅行家指著遠方的村莊向背上的老人說。

當他們終於到達村口的時候，卻看到雪地上有個僵硬的男人。旅行家仔細一看，這不正是自己先行離開的同伴嗎？他居然凍死在了距離村子咫尺之遙的地方。

別人有困難，我們能幫就幫，但是我們幫助別人是爲了幫他們渡過難關，重拾生活的希望，而不是一味地「愚善」。

有一位富人，家中世代都讀書向佛。這位富人平時樂善好施，鄉鄰有什麼困難，他都會慷慨解囊，幫忙幫到底。鄉鄰們提起他都紛紛翹起大拇指，說他是個萬裡挑一的大善人，有一副菩薩的好心腸。

可是後來有一些對於這個富人的議論，說他救助了一個乞丐，之後就不再管這個乞丐了，顯得對他異常冷漠。

有好事者向富人打聽這件事情，富人聽完他的疑問，嘆了口氣，將原委一一道來。

事情原來是這樣的：鎮上來了一個乞丐，三十歲上下，雖然衣衫襤褸、形容髒汙，但是好在身體沒什麼毛病。聽他說他是從鄰鎮來的，因為家裏貧窮，不得已才出來乞討。

富人聽說有這麼個人以後，就將這個乞丐請回家中，給他飯吃，乞丐自然感激不盡。富人看他體格還算健壯，問他願不願意在他家當一個幫工，賺取吃飯的口糧。可是乞丐卻拒絕了，說他就願意做乞丐。

第二天，乞丐又來到富人的門前討要吃的，哪裡也不去。富人好脾氣，仍舊安排家裏的傭人給他吃的。一個月之後，乞丐在富人家門口搭了一個草棚，天天等著富人家的人給自己飯吃，人倒是養胖了不少，吃飽喝足就在草棚裏瞌睡。

日子久了，富人家的傭人告訴了主人關於這個乞丐的所作所為。於是，富人就來到乞丐棲身的草棚裏找他，再次問他願不願意找一份工作養活自己，乞丐仍舊拒絕了。富人之後就吩咐傭人，不要再給這個乞丐免費的飯食。乞丐挨了餓，大聲叫嚷富人假善心，這才有了這些流言。

富人說：「我做善事，是為了幫助人們解決困難，他們有什麼過不去的關卡我可以拉一把，以後能夠過好生活。可是，我助人，並不是養人啊！與其幫助這樣不思進取，只等別人發善心的人，我還不如多幫一些貧家孩子讀書呢！」

助人，除了要幫助他們解脫困境，還幫扶他們的心靈，這才是「我佛慈悲」的深切含義。南懷瑾先生說：「真正行菩薩道，度了眾生，幫助了人家，心裏頭都不會覺得度了人家。如果有這念頭，就已經犯戒了，犯了佈施的戒。所以，一個度盡天下眾生，救天下蒼生的人，心中沒有一念自私，沒有一點自我崇高。」

第二課 佛在平凡人間

1 在「家」修行才最難

南懷瑾先生認爲：「不要以爲修行就是找個茅棚，找個清靜的地方，或者說我要閉關。閉關是享受，從某一方面來說是世界上最大的偷懶。住在裏面，什麼事情都不做，茶來伸手，飯來張口，這種修行好辦。」

對於在家修行，南懷瑾說：「大菩薩的入世修行才難，你要在人世間做個賢妻良母或做個盡責的好父親、好兒子、好丈夫，這就不容易了。這事擔負著妻子兒女的痛苦，而且要咬緊牙根有苦都不說，一切如夢如幻，於此痛苦中，一心清靜，不起惡念，處處利他利人，這才是真修行。可不是吃完飯把碗筷一丟，什麼事都不做，跑到這裏來打坐聽經。」

有一位虔誠的佛教徒，每天都會從自家的花園裏採擷鮮花，然後到寺院裏去供佛。有一天，當她送花到佛殿時，碰巧遇到了無德禪師從法堂出來。無德禪師非常欣喜地說：「你每天這麼虔誠地以香花供佛，來世當得莊嚴相貌的福報。」

信徒非常歡喜地回答：「這是我應該做的，我每天來寺禮佛時，自覺心靈就像洗滌過似的清涼，但回到家中，心就煩亂了。我是個家庭主婦，要怎樣才能在煩囂的城市中保持一顆清淨純潔的心呢？」

「你以鮮花獻佛，相信你對花草總有一些常識，我現在問你，你如何保持花朵的新鮮呢？」無德禪師反問。

信徒答：「每天換水，換水時把花梗剪去一截，因為泡在水裏的花梗容易腐爛，腐爛後，水分不容易吸收，就容易凋謝！」

無德禪師說：「要想保持一顆清淨純潔的心，其道理跟你養護花朵是一樣的。我們的生活環境就像瓶裏的水，我們就是花，只有不停淨化自己的身心，變化自己的氣質，並且不斷地懺悔、檢討、改進陋習和缺點，才能不斷吸收到大自然的能量。」

信徒聽後，歡喜地作禮感謝說：「謝謝禪師開示，希望以後有機會過一段寺院裏的禪者生活，感受晨鐘暮鼓和梵唄的寧靜。」

無德禪師開示說：「你的呼吸便是梵唱，脈博跳動就是鐘鼓，身體便是廟宇，兩耳就是菩提，無處不是寧靜，又何必等機會到寺院裏生活呢？」

無德禪師的話，猶如三伏天裏的一捧清涼淨水，瞬間澆滅了這位信徒心中的燥熱，還她一個清涼的心境和清涼的世界。

惟覺法師曾說：「出家可以修行，在家也可以修行，出家或在家，端看個人的願力與因緣。」他認為，不管出家還是在家裏照顧家人，為滿足自己的希望而努力，只要能心存善念，遵守佛家的基本戒律，都可以算作是修行。

2 吃飯穿衣也修行

佛說：「佛法在世間，不離世間覺。離世覓菩提，恰如求兔角。」也就是說修行如果與生活脫節，就算學再多的佛法，也是沒有用的。吃飯穿衣雖然是平常小事，卻可以從中悟出大道理，看出修行者的見地和功夫。

南懷瑾說：「《金剛經》只是從吃飯開始，吃飯可不是一件容易的事，在北平白雲觀有副名對：『世間莫若修行好，天下無如吃飯難。』」

馬祖禪師有個徒弟叫大珠慧海。一天，有源禪師來找大珠慧海和尚。

有源問大珠：「和尚你修道用功嗎？」

大珠回答：「用功啊！」

有源又問：「怎麼用功法？」

大珠說：「餓了就吃，睏了便睡。」

有源問：「每個人不都是這樣的嗎？」

大珠說：「我和他們不一樣！」

有源問：「哪裡不一樣？」

大珠慧海說：「一般人吃飯時不肯好好吃飯，偏偏要想東想西，影響食欲；睡覺時又不肯好好睡，東想西想，所以睡不著。我怎麼會跟他們一樣呢？」

南懷瑾先生說，《金剛經》就是一部最平實的經典，因爲在金剛經的描述中，「佛像普通印度人一樣，光腳走路，踩了泥巴還要洗腳，非常平凡，也非常平淡，老老實實的就是一個人……洗完了腳，把自己打坐的位置鋪一鋪、抖一抖，弄得整整齊齊，也沒有叫學生服侍他，更沒有叫個傭人來打掃打掃，都是自己做。生活是那麼嚴謹，那麼平淡，而且那麼有次序。由這一段看來，《金剛經》會使人覺得學佛要設法做到佛的樣子才好，不像其他經典那樣，把佛塑造得高不可攀，只能想像、膜拜。」

南懷瑾先生說，「譬如迦葉尊者，是印度的首富出身，但是他特別同情下層的貧苦社會，所以他都到貧民區去化緣，同時收的弟子也都是窮苦的人；另外一個弟子須菩提尊者則相反，喜歡到富貴人家乞食化緣，佛曾把他們兩人叫來說：你們這個心不平，不管有錢沒錢、有地位沒地位，化緣的時候，平等而去，此心無分別，而且人家給你多少就是多少，這一家不夠，再走一家。」

弘一法師在日常生活中也非常注意自己的修行。有一次，弘一法師要曇昕法師送一包紙給一個向他討書法的人。那包紙裏頭包著零零碎碎、長短不齊的畫紙碎條，同時還夾雜著不少長短不一的繩子。弘一大師向曇昕法師說：

「我們這些書法家、畫家都有一個很不好的態度，人家送來請他們畫畫或寫字的紙，往往用剩的都被他們沒收了。我們出家人可不能這樣。我們得一清二楚，什麼也不能隨便。」

曇昕法師被弘一這種認真、儉樸的習慣深深地感動了。

有一次，弘一法師生病了，曇昕法師要幫他洗衣，他卻一口回絕了。曇昕法師勸他說：「這沒什麼要緊的，你的身子不大好，我幫你洗好了。不過，我洗得不大乾淨。」

弘一法師依舊拒絕曇昕法師的幫忙，並對曇昕法師說：「我們洗衣一定要洗得乾淨才行。」

「用來洗衣的水可一連用四回。打一盆水先用來洗臉；洗過臉的水，還可用來洗衣；洗了衣可用來擦地；最後還可以用來澆花。因此，一盆水可有四個用途。我們出家人一定要樸實，不可隨意浪費。」

佛祖云：生活即禪，禪融於生活。禪宗的要義有一條：坐也禪，立也禪，吃飯、喝水都是禪，日常生活即是禪。佛家的修行並不是總要坐在那裏閉目默想，或者是一味地敲著木魚念經，吃飯穿衣、一言一行都是修行。

3 神仙也要凡人做

佛說：「如來法身自性不空，有真實體，具足無量清淨功業，從無始世來自然圓滿，非修非作，乃至一切眾生身中具足，不變不異，無增無減。」

南懷瑾先生說：「佛是什麼？中國禪宗祖師說佛是無事的凡人，沒有事的平凡人，哪個人能夠做得到？都是無事生非，都在顛倒之中。」他還說：「聖人終歸都是人做的，佛也是眾生修成的。」

佛教創始人釋迦牟尼佛，本名悉達多，是迦毗羅衛的太子。王族的生活是富足而舒適的，但是悉達多並沒有貪戀個人的物質享受，他在少年時期就經常出去四處雲遊，對民間的疾苦有非常深刻的認識。看到人們深受生老病死之苦，悉達多萌生了出家修道的念頭。

於是，在十九歲的時候，悉達多不顧家人的強烈反對，毅然選擇出走，去尋求解脫之道。淨飯王派了五名侍者去陪同他一起修道。悉達多開始了他六年的苦行生活。在此期間，悉達多「日食一麻一麥」，身體越來越瘦弱，但卻始終沒有覺悟成道。於是，他來到尼連禪河沐浴，恢復體力後，就在伽耶村的一棵菩提樹下，以吉祥草敷金剛座，盤腿而坐後開始冥思苦想，並發誓「不獲佛道，不起此座」，終於領悟到解脫生死之道，大徹大悟，入道成佛。

「佛問須菩提，佛眼看這個世界，恒河裏的沙子是不是沙呢？須菩提說當然是呀！佛的眼睛同我們的眼睛看的一樣，沙就是沙。」

南懷瑾先生在《金剛經說什麼》中曾說：「如果你問佛怕熱否？那麼假設佛在這裏的話，我們的答話，佛！你在這裏一樣的怕熱，還是要我們開冷氣才可以，除非他是化身來。化身就是另外一件事，只要他肉身還在，冷暖饑寒對他便一樣的存在，一樣的感受。在這些地方要特別注意，所以聖人都是人做的，佛也是眾生修成的。」

南北朝時期，有一位名叫道生的年輕法師。有一次，有人問他：「那些罪大惡極、壞事做盡的眾生能不能成佛？」當時的佛法還沒有完全被翻譯過來，《涅槃經》只有半部，上面並沒有對這一問題的解釋。道生法師認為一切眾生最後都要成佛，於是就回答說：「能。」

當其他的法師知道這件事後，非常生氣，認為道生法師年少輕狂，連佛都沒有這樣說，他憑什麼就敢這樣說？於是，大家就把他趕到江南去了。

道生法師在離開北方的時候說：「我說的法絕對是合於佛法的，如果我說的法合於佛法，我死的時候坐師子座。」

道生被趕到江南後，到了蘇州、金山一帶，在山上搭了茅棚住下。那個時候，佛法都在長江以北，這裏並沒有人會聽他講法，他只好對著一些石頭講。

有一天，他又對這些石頭說：「一切罪大惡極的眾生，最後還是能成佛，你們說對不對？」說完，那些石頭就跳了起來。這就是「生公說法，頑石點頭」的典故。

後來在《涅槃經》全部被翻譯過來時，人們才知道：原來佛也是這樣說的——一切眾生皆可成佛。

淨空法師說：「今天，我們大家把佛當做神來看待，錯了，佛不是神，佛是人。在稱呼上請清楚，我們稱釋迦牟尼佛爲『本師』，根本的老師。」南懷瑾先生曾引用一首詩：「三十三天天重天，白雲裏面有神仙；神仙本是凡人做，只怕凡人心不堅。」以此來告訴我們，釋迦牟尼佛也是非常平凡的，因此佛也是凡人修的。

4 平平凡凡才是真

佛說：「平淡是真，從容是福。」南懷瑾先生反覆告誡我們：「學佛學道，千萬要丟掉那些神奇、不平凡的觀念。能到達人生最平凡之處，你便可以學佛了，也知道佛了。」

有個香火很旺盛的寺院，在當地一帶很有名氣。一天清晨，寺院的住持方丈走出自己的房門時，寺裏剛好傳來陣陣悠揚深沉的鐘聲，走廊兩邊木樨花瓣上的露珠紛紛墜落，空氣彷彿都跟鐘聲發生著共鳴。

住持凝神聆聽良久，鐘聲一停，就忍不住召喚弟子，詢問道：「今天早晨敲鐘的人是誰？」弟子如實回答道：「報告方丈，是一個新來的小徒弟。」

於是，住持吩咐弟子將敲鐘的小沙彌叫來，問道：「你今天早晨敲鐘，懷著什麼樣的心情呢？」

小沙彌回答說：「沒什麼特別心情，只是為打鐘而打鐘而已。」

住持道：「我今天聽到的鐘聲非常洪亮、圓潤渾厚，很有穿透力和感召力，只有誠心誠意的人敲鐘，才會發出這種深沉博大的聲音。」

小沙彌想了又想，然後說道：「其實我也沒有刻意去想，只是我平常聽您教導說，敲鐘的時候應該要想到鐘即是佛，必須要虔誠，敬鐘如佛，用禪心和禮拜之心來敲鐘。」

住持又問：「每天都讓你敲鐘，覺不覺得敲鐘太簡單、太枯燥無味，會不會心有不滿？」

小沙彌說：「不會，我覺得每日敲鐘是一件要認認真真做好的事情。」

主持又問道：「想不想做別的工作？」

小沙彌想了想，回答道：「弟子很喜歡這個工作，而且，我認為參禪要一步一步來，我現在能做的就是敲鐘，不想換別的。」

住持聽了，滿意地點點頭。後來，這名敲鐘沙彌成為了一代高僧。

「這本經記載的佛，卻同我們一樣，照樣要吃飯，照樣要化緣，照樣光著腳走路，腳底心照樣踩到泥巴，所以回來還是一樣要洗腳，還是要吃飯，還是要打坐，就是那麼平常。」南懷瑾在講解《金剛經》時說。

南懷瑾先生一生取得的成就眾所周知，然而他卻曾評價自己說：「我的一生，八個字：一無所長、一無是處，沒有一樣是對的。」還說自己「一輩子沒有一張文憑，沒有一個好的學位」。他在臨終前還教學生和弟子們要平凡、簡潔，發願做事。只有平凡才是真實的。

有個男子和妻子鬧離婚。他是那種很不現實的男人，有許多和他年齡不相符的浪漫，甚至是天真的想法。他的妻子很愛他，除了工作之外，幾乎把所有的時間都放在了他的身上，全身心地盡著妻子的責任。而丈夫的表現卻很差勁，不但不體貼妻子，還時常無端地向妻子發火。他覺得自己的婚姻生活實在是太平淡無奇了，他還因此常常懷疑妻子有外遇，不相信妻子是真心愛他。之後，他又以感情不合為由，提出了離婚。

一天，他見到一位老和尚，便向老和尚抱怨起了自己的妻子，在數落了妻子的種種不好後，又說，妻子不願意和他離婚，搞得他很煩惱。

老和尚聽完他的抱怨後，問他：「每天在你下班進家門時，在你晚飯後，在你風塵僕僕出差歸來時，她會不會總是給你端上一杯水？」他想了想，然後點了點頭。

老和尚又問他：「難道這不是幸福嗎？你可曾在她忙碌之後給她端過一杯水？」這個男子若有所悟。

老和尚又說：「其實，所謂的幸福，就像一杯水一樣平淡，不易覺察。只有在你失去的時候，你才知道珍貴。我們不能抱怨自己的婚姻平淡無味，在你厭倦了這一切的時候，你應該問問自己，是否始終對對方有一份愛心，對家庭有一份責任感？是否在她需要幫助的時候，給她以溫暖和關懷？如果你能對感情生活負責，對愛負責，婚姻何愁不美滿？要知道，只有平平凡凡才是生活的真諦啊！」

男子聽後，汗顏不已，漸生慚愧，從此厚待妻子。

南懷瑾先生說：「無論上帝、耶穌還是菩薩，他拯救萬物眾生，人們看不到他的功勞，而他自己也並不居功，不需要人跪拜禱告、感激涕零，他認爲你應該感謝自己，與他無干。無功之功是爲大功，如同浩日，普照天下，又理所當然。真正的『聖人』，不需要『名』，大善無痕，行善不與人知，這樣的人才是真正的聖人。」

所以，平常就是真道，真正的真理在最平凡之間。真正的佛的境界，也要通過最平凡的事情表現出來。

5 「佛」就在你心裏

佛說：心即是佛，佛即是心，不可心外求法。

南懷瑾先生曾在《金剛經說什麼》一書中引用過這樣一首小詩：「佛在心中莫浪求，靈山只在汝心頭；人人有個靈山塔，只向靈山塔下修。」也就是說，求佛不能亂求，不必非要大老遠地跑到靈山去求佛。因爲靈山就在我們的心中，每個人心中都可以有一個靈山塔，我們對著心中的靈山塔修煉也是一樣的。

一個衣衫襤褸的貧民來到榮西禪師面前，向他哭訴：「我家裏的老人需要供奉，小孩子也需要照顧，可是我們家已經好幾天揭不開鍋了，眼看一家人就要餓死了。師父慈悲，救救我們吧，我們一家人將永遠記得師父的恩德。」

榮西禪師也很想幫助這一家人，可是他感到很為難，因為連年大旱，寺裏的僧侶們也是吃了上頓沒下頓，他拿什麼救助這可憐的窮苦人呢？

一時束手無策的榮西禪師突然看到了身旁鍍了金的佛像，他想了一下，便毫不猶豫地走到佛像邊，用小刀將佛像上的金子刮下來，然後用布包好，交給那個貧民，並對他說：「你把這些金子拿去賣掉，就可以換些食物救你的家人了！」

榮西禪師的弟子看到這一切後，忍不住抱怨說：「大家都知道佛祖身上的金子就是佛祖的衣服，師父現在拿佛祖的衣服送人，不是對佛祖大不敬嗎？難道師父就不怕佛祖責怪嗎？」

榮西禪師義正詞嚴地回答：「你說得沒有錯，可是我佛慈悲，他連自己身上的肉都肯用來佈施眾生，更何況只是他身上的衣服呢！我是按照我佛的心願去做的啊！你看這家人都快要餓死了，我就是把整個佛身都給他，也不算違背佛的願望。如果我因此要入地獄的話，只要能夠拯救眾生，我也沒有任何怨言！」

南懷瑾先生說：「有許多人去求法，花了很多時間和金錢求個法來。法可以求來嗎？有法可求嗎？這是個妄想！法在哪裡？法在你心中，就是『善護念』三個字。『善護念』是一切修行的起步，也是一切佛的成功和圓滿。」

他還說：「一切佛菩薩不離人間，不離六道輪迴的任何一道。觀世音菩薩的蹤跡，你不一定要到寺廟中求，不一定要到南海去找，說不定你在街上遇到一個最窮苦、最可憐的人，那個就是，只是你有眼無珠，不認識而已。如果此時你行一些慈悲，做一點佈施，那便得大利益了。或者一個你看了最不順眼、最討厭的人，也可能是觀世音菩薩的化身……」

宋朝的大才子蘇軾和高僧佛印是很好的朋友，他們經常在一起參禪、打坐。有一次，在他們一起參禪的時候，蘇軾問佛印說：「你看我坐在這裏像什麼？」

佛印回答說：「你像尊佛。」

聽到佛印如此回答，蘇軾哈哈大笑，並說：「你知道我看你坐在那兒像什麼嗎？活像一灘牛糞！」

佛印聽後沉默不語，只是繼續打坐。

蘇軾為自己的這個惡作劇式的玩笑非常自豪，一回家就對自己的妹妹炫耀這件事。不料，蘇小妹聽完後並沒有誇獎他，而是嘲笑他說：

「你每天學著人家參禪悟道，難道不知道佛家參禪最講究的就是『見心見性』嗎？佛印看你像尊佛，說明他心中裝的是佛；而你說他像牛糞，說明你心中裝的就是牛糞啊。」

聽完蘇小妹的話，蘇軾慚愧不已。

「面前有佛，心中有佛，處處皆是佛，這個修法的咒語一定得感應的；得感應是你心中所變現出來的。」南懷瑾說，「所謂『心中有佛』，什麼是佛？心就是佛，我心隨時在恭敬中，那你慢慢不但對佛會敬，對一切人都會很恭敬，不會看不起人家，會尊重任何一個人，也不會覺得『我是一個老師，我道很高。嘿，你們算什麼？』如果這樣就不是學佛的人了。」

佛說：心中有佛即是在道場。由此說來，「處處皆是佛，一切眾生人人皆是佛」也就不難理解了。

6 一臉佛氣絕非佛

「真正的佛不認爲自己是佛，真正的聖人不認爲自己是聖人，所以真正的佛法即非佛法。」南懷瑾先生還說，「你看在《金剛經》裏，釋迦牟尼佛也跟大家一起去化緣吃飯，吃完飯，收衣鉢，還自己去洗碗，把衣服折疊好，然後洗洗腳，敷座而坐，把座位上的灰塵擦一擦，這就是釋迦牟尼佛的行徑，多平實。千萬記住，平實就是道，平實就是佛法，千萬不要把自己搞得一身佛氣，怪裏怪氣的，弄得與平常人不一樣，那就不平實，就有點入魔了。」

玄奘《大唐西域記》裏記載了這樣一個故事：

在印度的犍馱羅城有一位名叫如意的論師，他極善言辯、少年好學，人們對他也極為敬仰。犍馱羅國王喜歡佈施，又愛好遊戲玩樂、騎馬打獵。

有一次，國王打獵時和侍衛們圍住了一頭野豬，但是最終野豬還是逃走了，不知去向。國王就發佈懸賞通告：「能夠發現並提供野豬蹤跡的人，賞一億金錢。」國王認為這樣的賞賜可以算是極豐厚的了。

但是後來聽說有位叫如意論師的，每請人剃頭一次，就會給人家一億金錢。國王心想：我賞錢一億尋野豬，不過是偶爾一次，而如意論師是和尚，是經常要剃頭的，而他每次都賞給理髮匠一億金錢，這不就是在炫耀他一個出家的和尚比我還富有嗎？想到這裏，國王覺得自己受到了極大的羞辱，就想找機會把如意也羞辱一番。

於是，國王就招集了一百位學富德高的外道學者，然後派人送信給如意論師，請他前來論辯。如意論師自信沒有人能辯得過他，便欣然應邀。

如意論師很快就將九十九位外道學者盡數駁倒，只有一人仍然走上前來與他爭辯。如意看這人也沒什麼了不起之處，就按照自己心裏的想法侃侃而談。那位外道學者見根本插不上話，只好站在邊上聽。

後來，如意論師談及煙與火的問題，先說了火，然後才說到煙，與人們先談煙後說火的說法有異。那位外道論師趁機大聲嚷道：「如意論師辭義有誤，我們大家都知道有煙必有火，而如意論師卻先火而後煙，這可是常識性的錯誤啊！」

國王看到機會來了，便跟著大聲說道：「如意錯了。」正當如意想要為自己的立論作解釋的時候，國王和眾位外道論師卻已經開始亂哄哄地慶祝起了他們的「勝利」。悲恨交加的如意論師不願受此屈辱，便咬舌自盡了。

「一個真正有道的人，更謙虛，更會尊重人家。不要覺得『我有道，我了不起！我學佛，哎呀，這個人不學佛，罪業深重啊』。」南懷瑾先生說，「你這一句話才是罪業深重，不應該的。他如果真的罪業深重，我們學佛的人更要慈悲、憐憫、同情他，何況他有沒有罪業深重，你還不知道。因爲他不聽你的話，你就罵他『罪業深重』，你不是亂七加八糟嗎？」

南隱是日本的一位禪師。一天，一位當地的名人特地來向他問禪。名人喋喋不休，南隱則默默無語，只是以茶相待。他將茶水注入這位來賓的杯子，滿了也不停下來，而是繼續往裏面倒，眼睜睜看著茶水不停地溢出杯外。

名人著急地說：「已經溢出來了，不要再倒了！」南隱說：「你就像這只杯子一樣，裏面裝滿了自己的看法和想法。如果你不先把杯子空掉，叫我如何對你說禪呢？」

名人聽後，恍然大悟。

南懷瑾對學佛的人說：「如果成了佛的人告訴你，他是現在的佛，你就儘管打他，這個是妖怪，不是佛。佛無法可得，住在無相中。」真正有大成就的人，都絕對的謙和，謙和到非常平實，什麼都沒有。弘一法師也曾說：「我視眾人皆菩薩，惟我一人是凡夫。」

南懷瑾先生告誡我們：「學佛法，不要被佛法困住，這樣才可以學佛。如果搞得一臉佛氣、滿口佛話、一腦子的佛學，你已經完了。」

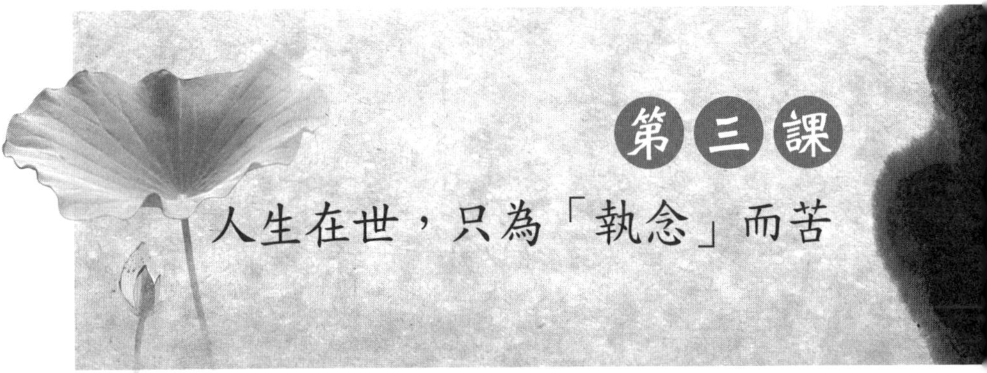

第三課 人生在世，只為「執念」而苦

1 人之所以痛苦，在於追求錯誤的東西

佛說：憂生於執著，患生於執著。

南懷瑾先生說：「不執著就好，執著了就不好。如果不執著、不著相，那有相的光明，與自性心光便自漸漸融會一體。如果執著了，便落在生滅妄緣中，那就不好了。」

佛家認爲，人之所以痛苦，是因爲執著追求錯誤的東西。人一旦有了貪婪之心，就永遠得不到滿足，進而陷入無止境的痛苦之中。

有一位青年人，曾經豪情萬丈地為自己樹立了許多目標，並希望在各方面都取得令人矚目的成就，然而幾年下來，卻是一事無成。這讓他痛苦萬分，於是就想要去找智者為自己指點迷津。

當青年人找到智者時，智者正在河邊小屋裏讀書。他微笑著聽完青年的傾訴，對他說：「來，你先幫我燒壺開水！」

青年看見牆角放著一把極大的水壺，旁邊是一個小火灶，可是沒發現柴火，於是便出去找。

他在外面拾了一些枯枝回來，裝滿一壺水，放在灶臺上，在灶內放了一些柴，便燒了起來。

可是由於壺太大，那捆柴燒盡了，水也沒燒開。於是他又跑出去繼續找柴，回來的時候，那壺水已經涼得差不多了。這回他學聰明了，沒有急於點火，而是再次出去找了些柴，由於柴準備充足，水不一會兒就燒開了。

這時智者問他：「如果沒有足夠的柴，你該怎樣把水燒開？」

青年想了一會兒，搖了搖頭。

智者說：「如果那樣，就把水壺裏的水倒掉一些！」

青年若有所思地點了點頭。

「你一開始樹立了太多的目標，並都急切地想要實現它們，就像這個大水壺裝了太多水一樣，而你又沒有足夠的柴，所以不能把水燒開。要想把水燒開，你或者倒出一些水，或者先去準備柴！」智者接著說。

青年恍然大悟。回去後，他把計畫中所列的目標去掉了許多，只留下了自己最想要達到的目標，同時利用業餘時間學習各種專業知識。幾年後，他定下的目標基本上都實現了。

有首古詩中說：「多情自古空遺恨，好夢由來最易醒。」對此，南懷瑾先生說：「好夢最容易醒，醒來想再接下去，卻接不下去。所以，不要去叫醒夢中人，讓他多做做好夢。我有時在想，佛說喚醒夢中人，到底是慈悲，還是狠心？我覺得，一切眾生都做做夢，蠻舒服的，何必去叫醒他呢？」

很久以前，有一位修行很深的高僧隱居在山林中。他因為名聲很大，很受人尊敬，人們都不遠千里來尋找他，希望可以跟他學到一些生活方面的竅門。一次，高僧正在山谷裏挑水。人們注意到，他挑得不多，甚至比平常人挑得都少，兩隻木桶裏的水都遠遠沒有裝滿。可是高僧為什麼不把桶挑滿呢？

他們不解地問：「高僧，這是什麼道理？」

高僧回答：「挑水之道並不在於挑多，而在於挑得夠用。一味貪多，只會適得其反。」

眾人更加不解了。

於是，高僧讓他們中的一個人，重新從山谷裏打了滿滿的兩桶水。那人挑得非常吃力，搖搖晃晃，沒走幾步，就跌倒在地，水全都灑了，那人的膝蓋也摔破了。

看到這種情景，高僧說：「水灑了，不是還得再打一桶嗎？膝蓋破了，走路艱難，豈不是比剛才挑得還少嗎？」

眾人問道：「那麼請問高僧，具體該挑多少，怎麼估計呢？」

高僧笑道：「你們看這個桶。」

眾人看去，桶裏畫了一條線。

高僧說：「這條線是底線，水絕對不能高於這條線，高於這條線就意味著超過了自己的能力和需要。起初還需要畫一條線，挑的次數多了以後，就不用看那條線了，憑感覺就知道是多是少。這條線可以提醒我們，凡事要盡力而為，也要量力而行，不可強爭人先。」

禪語中說：「世上本無事，庸人自擾之。」南懷瑾先生認爲，人的一切煩惱都來自於對錯誤事情的執著追求，是「無故尋愁覓恨」的結果。

2 萬事不執著

佛曰：一花一世界，一葉一如來；春來花自青，秋至葉飄零；無窮般若心自在，語默動靜以自然。順其自然，莫因求不得而放不下。南懷瑾先生說：「絕學就是不要一切學問，什麼知識都不執著，人生只憑自然。」

南懷瑾先生就是一個順其自然的人。南先生到了中年的時候，頭上逐漸長出了白頭髮。有一次，他去理髮，給他理髮的師傅建議他把頭髮染黑，這樣看起來會年輕許多。對於理髮師好心的建議，南懷瑾並沒有接受，他還曾爲此寫了一首詩：

世人多畏髮初白，卻喜頭顱白似銀；
免去風流無罪過，何須裝扮費精神；
漸除煩惱三千丈，接近仙靈一性真；
對鏡莞爾還自笑，依然故我我非新。

禪院的草地上一片枯黃，一位小和尚對師父說：「師父，快撒點草籽吧！這草地太難看了。」

師父說：「不著急，什麼時候有空了，我去買一些草籽。什麼時候都能撒，急什麼呢？隨時！」

中秋的時候，師父把草籽買回來，交給小和尚，對他說：「去吧，把草籽撒在地上。」起風了，小和尚一邊撒，草籽一邊飄。

「師父，不好了，草籽都被風吹走了！」

師父說：「沒關係，吹走的多半是空的，撒下去也發不了芽，擔心什麼呢？

隨性！」

草籽撒上了，許多麻雀飛來，在地上專挑飽滿的草籽吃。小和尚看見，驚慌地說：「不好，草籽都被小鳥吃了！這下完了，明年這片地就沒有小草了。」

師父說：「沒關係，草籽多，小鳥是吃不完的，你就放心吧，明年這裏一定會有小草！」

夜裏下起了大雨，小和尚一直不能入睡，他心裏暗暗擔心草籽被沖走。第二天早上，他早早跑出了禪房，果然地上的草籽都不見了。於是他馬上跑進師父的禪房說：「師父，昨晚一場大雨把地上的草籽都沖走了，怎麼辦呀？」

師父不慌不忙地說：「不用著急，草籽被沖到哪裡就在哪裡發芽。隨緣！」

不久，許多青翠的草苗果然破土而出，原來沒有撒到的一些角落裏，居然也長出了許多青翠的小苗。

小和尚高興地對師父說：「師父，太好了，我種的草長出來了！」

師父點點頭說：「隨喜！」

佛教教人向善，在佛家看來，人生之苦來自於執著。由於懷著非要達到某一目的才甘休的執念，所以不管遇上什麼境遇都不能做到隨遇而安，痛苦也就由此產生了。

南先生認爲，我們應該「去妄念」，放棄那些對善惡美醜、尊卑榮辱的執念，用一顆自由的心去親近自然、感受世界，做一個自然人，享受本真的快樂。

有一天，佛陀從樹林裏回來時，手中捧著一些落葉。他走到比丘們面前，笑著問道：「你們認為我手上的樹葉和森林裏的樹葉相比，哪個比較多呢？」

「當然是樹林裏的多。樹林裏的樹葉有千百萬片，您手上拿的樹葉只有十幾片而已。」比丘們給出了非常一致的答案。

「你們說得沒有錯。」佛陀說道，「這就像我的腦海裏雖然有許多想法，但沒有全部說給你們聽一樣，因為你們需要的是能夠被你們接受並轉化為你們自己思想的東西。假如我告訴你們太多的觀念，你們反而會被困住，而沒有機會得到自己的智慧。」

佛家講究萬事隨緣，隨緣就是沒有任何勉強，事成了，沒有過激的興奮與成事後的傲慢，而只是淡淡的欣慰；事不成，也沒有難堪的懊惱追悔，而只是坦然地接受。

3 一切眾生的「我執」

《唯識述記》有言：「煩惱障品類眾多，我執爲根，生諸煩惱，若不執我，無煩惱故。」

南懷瑾先生說：「我們一切眾生，有一個『我執』，認爲這是我，有個我，把我的現象執著得很厲害。把自己所有的妄念、意識分別、煩惱等一切不實在的這些觀念、思想，當成是真實的。」

從前，一位大師在深山裏練一種大法：讓大山移過來。幾十年之後，大師終於練成了。

一天，他開始表演移山。隔著遠遠的距離，他對著大山念念有詞：「山過來，山過來……」喊了半天，山也沒動。到了黃昏，當他用嘶啞的嗓子喊過最後一遍以後，人們異口同聲地說：「大師，山還沒過來。」

於是，大師開始邊喊邊走，不一會兒，就來到了山腳下。這時，大師就近距離地面對著大山站住，並說：「各位，這回山到底有沒有過來？」

大家一聽覺得很詫異。這時，大師講了一句話：「山不過來，我就過去——這就是我幾十年練就的移山大法。」

佛家認爲，「我執」是痛苦的根源。消除「我執」是佛教徒的一個修煉目標。「我執」就是過於執著於自我，它包括自卑、自大、自滿、貪婪……太關注自己而忽略別人，或者自我意識太強而缺乏集體意識和奉獻精神，都是「我執」的表現。

賀若敦是南北朝時期晉的大將。他不甘心居於同僚們之下，因為他認為自己功大才高。所以當看到自己沒有被晉升，別人卻做了大將軍時，賀若敦的心中就十分不服氣，開始整日抱怨。

後來，他奉調參加討伐平湘州戰役，打了個勝仗，為國家立了一大功。他認為自己這次一定會受到封賞，但是事與願違，由於種種原因，賀若敦不但沒有得到晉升，還被撤掉了原來的職務，調任中州刺史。賀若敦為此十分不滿，並到處向人發牢騷。

晉公宇文護知道以後，非常生氣，便把他從任上調了回來，迫使他自殺。

賀若敦臨死之前告誡兒子賀若弼說：「我曾經立志要平定江南，為國效力，可是到今天也沒有實現，我希望你能繼承我的遺志。我壯志未酬就丟掉了自己的性命，都是因為沒管好自己的舌頭，這個教訓你一定要記住呀！」說完便拿起錐子，刺破了兒子的舌頭，想讓他以此記住這血的教訓。

後來，賀若弼做了隋朝的右領大將軍，但是他對父親的教訓並沒有放在心上，常常為自己的官位比他人低而怨聲不斷，認為以自己的才能當個宰相也是應該的。沒過多久，原本職位比他低的楊素做了尚書右僕射，而他並沒有得到提升，這讓他十分氣惱，不滿的情緒和怨言便時常流露出來。

他的怨言後來傳到了皇帝耳朵裏，皇帝認為他觸犯了天威，便將賀若弼逮捕下獄。隋朝當時的皇帝楊堅責備他說：「你這個人有三太猛，嫉妒心太猛；自以為是的心太猛；目無長官、隨口胡說的心太猛。」

因為賀若弼確實是有一些功勞，不久就被釋放了。但是他仍然沒有吸取教訓，還到處向別人誇耀他和皇太子之間的關係，說皇太子楊勇對他言無不盡，連高度的機密也都會對他附耳相告。

後來楊勇失勢，楊廣成了新的皇太子。隋文帝得知賀若弼又在那裏怨聲載道，就把他召來說：「我用高穎、楊素為宰相，你卻多次在眾人面前說這兩個人什麼也不會幹，只會吃飯，言外之意是我這皇帝也是廢物不成？」

此時的賀若弼因為平時言語不慎而得罪了很多人，朝中的其他大臣怕受到牽連，就揭發賀若弼過去說的那些對朝廷的怨言，並聲稱賀若弼罪當處死。隋文帝考慮良久，念在他以往的功勞，只把他的官職撤銷了。

在南懷瑾先生的《圓覺經略說》一書中有這樣一段話：「釋迦牟尼佛有一次問弟子們：生命短暫快速到什麼程度……只有一位弟子答對了，他說：生命在呼吸間。這口氣呼出去，不再吸進來，就死了；生命之短暫無常就在這一來一往的呼吸之間。我們活著就靠這股氣維繫著。」

4 執著是一種妄念

《金剛經》中說：「如來者，無所從來，亦無所去，故名如來。」南懷瑾先生解釋說：「自性本身，也就是說真如本身是活潑潑的，只能形容是如如不動。這個如字，在佛法裏經常看到，像『如夢如幻』，『真如』文字倒轉就是『如真』，好像是真的。你如果執著了一個真的，那就落在執著上，執著就是妄念，又是錯誤。所以『真如』好像是真的；『如來』是對佛法身的稱呼。」

一隻蜜蜂在小的時候，每天都辛勤地學習採蜜及尋找花粉花蜜的方法，等到牠長大了，採蜜的技術也熟練了，就飛出去到處採蜜。

每到一處，牠都會被鮮豔的花朵吸引，然後忘掉一切地忙碌起來。等到把這裏的花粉花蜜一點也不剩全部採完，牠又會出發飛到另外的地方繼續採蜜。

路上，蜜蜂遇到了一隻蝴蝶。蝴蝶飛過來想跟牠玩捉迷藏，牠卻連理都不理。漸漸地，蜜蜂發現，這邊的蜜採完，過段時間回來，又會有好多新鮮的花長出來，以致於這裏的蜜老是採不完。事實上，蜜蜂不知道，這個地方是春城，鮮花永遠沒有凋謝的一天。

不管蜜蜂再怎麼努力、勤奮，蜜依然是越採越多。終於有一天，這隻蜜蜂累倒了，馱著蜜從空中掉了下來。

那隻蝴蝶剛好看到了牠，飛了過來，關切地問：「你怎麼了？」

蜜蜂氣若游絲地說：「我快不行了，可我的蜜還沒有採完呢……」

南懷瑾先生說：「一切都是虛妄不實的，而虛空之體卻是不增不減的。所以，一切眾生，不要被變化不實的現象所騙。佛知道這個道理，但是眾生不知道。佛說是名為心，眾生自己都把虛妄不實的這個感受當成為心。」

他還說：「真正的虛空是沒有窮盡的，它也沒有分斷昨天、今天、明天，也沒有分斷過去、現在、未來，永遠是這麼一個虛空。天黑又天亮，昨天、今天、明天是現象的變化，與這個虛空本身沒有關係。天亮了把黑暗蓋住，黑暗真的被光亮蓋住了嗎？天黑了又把光明蓋住，互相輪替，黑暗光明，光明黑暗，在變化中不增不減。」

有一個年輕的船夫，在一個酷熱難耐的午後划著小船，給另一個村子的居民運送貨物。天氣悶熱，船夫划船划得汗流浹背，苦不堪言。他滿頭大汗地奮力划著小船，希望趕緊完成運送任務，以便在天黑之前能返回家中。

突然，船夫發現，前面有另外一隻小船，沿河而下，迎面向自己快速駛來。眼見著兩隻船就要撞上了，但那隻船卻絲毫沒有避讓的意思，似乎是有意要撞翻農夫的小船。

「讓開，快點讓開！你這個白癡！」船夫大聲地向對面的船吼叫道，「再不讓開，你就要撞上我了！」但船夫的吼叫完全沒用，儘管船夫手忙腳亂地企圖讓開，但為時已晚，那艘船還是重重地撞上了他。

船夫被激怒了，他厲聲斥責道：「你會不會駕船？這麼寬的河面，你竟然撞到了我的船上！」

當船夫怒氣沖沖地看向對方的小船，並打算一定要好好與對方理論一番時，卻吃驚地發現，小船上空無一人。聽他大呼小叫、厲言斥罵的只是一條掙脫了繩索、順河漂流的空船。

「如香象渡河，截流而過。」南懷瑾先生在引用這句話的時候說：「一個有大智慧、大氣魄的人，自己的思想、妄念，立刻可以切斷，就像香象渡河一般，連彎都懶得轉，便在湍急河水之中截流而過了。假使我們做功夫有這個氣魄，能把自己的思想、感覺如香象渡河，截流而過，把它切斷得了，那正是淨土的初步現象，是真正的寧靜，達到了止的境界。由止再漸漸地進修，生理、心理起各種的變化，才可以達到定的境界。」

5 執著佛法是虛妄

《金剛經》中說：「凡所有相，皆是虛妄，若見諸相非相，即見如來……一切有為法，如夢幻泡影，如露亦如電，應作如是觀。」南懷瑾先生對此的解釋是：「凡是你有什麼境界，都是假的；凡是你修得出來的，不修就沒有了。你說打起坐來有境界，不打坐就沒有了；境界就是相，凡所有相，都是不實在的。」

南懷瑾先生說：「很多人學禪，做各種功夫，常問：這個境界好不好？這種現象怎麼樣？千萬注意一個要點，『凡所有相，皆是虛妄』。你今天修行打坐這個境界很好，但是你要曉得，你不用功、不打坐，那個境界就不好了，可見這不是道。假如盤腿道就來了，不盤腿它就去了，這叫作修腿，不叫作修道；盤腿就有叫作得腿，不叫得道……道體是不可以身相見的，所以凡所有相，皆是虛妄。」

番茄在以前被視為有毒的食物，一直得不到人們的認可，每個人對它都是避之唯恐不及。有一天，有個男孩看到野外有很多的番茄，紅彤彤的非常誘人，就想摘一個來嘗嘗。而身邊的人都告誡他這是有毒的，是邪惡的東西，千萬不要吃。

男孩經過了幾天的思量，認為這麼誘人的果實，應該不會有毒。於是，一天晚上，他靜悄悄去到野外摘番茄。當吃第一個的時候，他的內心還是非常緊張的，以為真的會中毒，可是，吃了之後，發覺真的非常美味，就忍不住吃了好多。

吃飽了之後，他回到家裏睡覺。次日，他睡醒後，發覺一點問題都沒有，方肯定這些番茄根本沒有毒，只是身上被冠上了有毒的傳說而已。他把自己的體驗告訴了身邊的人。最後，大家將信將疑，一一嘗試過後，發覺真的是非常美味，番茄就成為了一種可口的食物。

如果人們一直執著地認爲番茄是一種不能食用的果實，都不敢去嘗試，不敢去打破傳說，那麼現在人們的餐桌上就會少一道美食。

一天，坦山和尚與隨侍的沙彌要到某地去說法，路過一條小溪，因下過雨，河水雖不大，卻泥濘不堪。

師徒二人正準備渡河時，來了一位穿著入時又年輕貌美的小姐，行色匆匆，似有急事要辦，卻又在岸邊躊躇不前。此時，坦山和尚趨前對那位小姐說：「姑娘，來吧！我背你過去。」

緊跟在後面的沙彌一直悶聲不響，心裏卻大惑不解：「平時師父教導我們不能接近女色，為什麼師父今天自己卻犯清規呢？」

沙彌雖有疑惑，但受平時師父嚴格教導的影響，並不敢在師父面前立即表態，但心中一直悶悶不樂。

事隔多日，沙彌越想越憋不住，便來到師父面前：「師父！我們出家人是不可以親近女色的，為什麼前些日子，師父在小溪邊，卻要背起一個姑娘過河呢？」

坦山和尚聽了，很訝異地說：「我背那個姑娘過河，早就把她放下了！沒想到你卻把那位姑娘緊緊背著，到現在都還沒放下來！」

南懷瑾曾幽默地說：「想靠佛菩薩保佑自己，老實說，佛不大管你這個閒事，佛會告訴你保護自己的方法。這一點與中國文化的精神是一樣的，自求多福，自助而後天助，自助而後人助。換句話說，你自助而後佛助。如果今天做了壞事，趕快到佛菩薩前面禱告，說聲對不起，佛就赦免了你，那是不可能的。」

第四課 忍耐一切不如意

1 向人叩頭，反被打，不生嗔恨

「貪、嗔、癡」是佛說的「三毒」。不管觸犯的是這三毒中的哪一種，都要吃一次虧。不原諒別人的過錯，犯的就是嗔毒。《正法念處經・觀天品》中說：嗔怒如毒蛇、如刀、如火，有智慧的人，應當要以忍滅嗔。犯了嗔毒的人，往往會在刺傷別人以後，又反過來刺傷自己。

在《法華經》的記載中，有一位被人們稱爲「常不輕」的菩薩，他就是釋迦牟尼佛過去生中修行菩薩道的一生。

常不輕菩薩見人就拜，即使是修行沒有他高的比丘、比丘尼也叩頭，對待普通人也是十分恭敬。他說：「你們將來都會成佛，我不敢輕看你們，如果我輕看你們就等於輕看佛一樣。」然而，有一些傲慢的比丘卻責怪他根本就不懂佛法，還胡亂給別人授法，便在他叩頭的時候用腳踢他，惡狠狠地打他。

如果換做一般人，對人如此恭敬卻要被打，一定會吸取教訓，不會再向別人叩頭。然而，他在遠遠看到比丘、比丘尼的時候，還是像以前一樣向他們叩頭，然後不等這個人走到他身邊就站起來跑掉，以避免他們再打自己。

佛說：學會寬恕別人，是對自己的一種解脫。只有寬恕，才能以更好的姿態繼續生活。如果不原諒他人的過錯，心靈就會被怨恨佔據，受傷害的終究還是我們自己。

南懷瑾先生曾說：「悟道成佛，不是爲了混飯吃，也不是爲了吃素、念念經而已。這是要發狠心，突破根深蒂固的貪、嗔、癡惡習，開啓本具的智慧光明，濟世利生。」

在金山寺旁邊有一條小街，街上住著一位與自己唯一的兒子相依為命的貧窮老婆婆。老婆婆的兒子經常喝罵她。妙善禪師知道這件事後，覺得這位老婆婆很值得同情，於是就經常去安慰她，並時常跟她講一些佛家因果輪迴的道理。

老婆婆的兒子對妙善禪師常來家裏這件事非常反感。有一天，他悄悄躲在門外，手裏還提了一桶糞，等妙善禪師一走出來，他立即就把糞桶往禪師的頭上澆去，禪師的全身立時淋滿了腥臭污穢的糞尿，大街上的人都跑來看熱鬧。

妙善禪師一直頂著糞桶走到金山寺前的河邊，不氣不怒地把糞桶取下來。看到禪師這副狼狽相，跟著來看熱鬧的人笑得更厲害了。

「這有什麼好笑的？人身本來就是眾穢所集的大糞桶，大糞桶上面加個小糞桶，有什麼值得大驚小怪的？」妙善禪師毫不在意地說道。

「禪師！難道您不覺得難過嗎？」有人忍不住問。

妙善禪師微笑著說：「我一點也不會難過，老婆婆的兒子給我醍醐灌頂，這是對我的慈悲，我正覺得自在哩！」

老婆婆的兒子後來知道這件事後，深為妙善禪師的慈悲所感動，便跑去向禪師懺悔謝罪。禪師高興地對他說：「父母養育之恩山高水深，不能好好孝養，反而打罵犯上，如此不孝，何以為人？」

受了禪師的感化，老太太的兒子從此改過自新，後來還成為了聞名鄉里的大孝子。

佛家有句有名的話：「放下屠刀，立地成佛。」你不原諒傷害你的人，總想報復，就等於是手握屠刀。這種心裏的惡念一旦生根，就會不斷地膨脹，最後讓人做出邪惡行爲。因此，我們一定要學會寬容，避免這種事情的發生。

人與人之間的相處，矛盾是不可避免的，如果我們用寬容去替代怨恨，就會發現這個世界充滿了陽光般的氣息。

當你覺得難以做到完全寬恕別人的時候，不妨做下面這個思維訓練，幫助自己消除報復心。

首先，閉上雙眼，想想那個最令你難以寬恕的人；然後問自己：要怎樣才會使你寬恕他？你想把他怎樣？如果非要讓他受苦，你才能原諒他，那麼就想像一下，他現在正在受著各種嚴酷的刑罰，刑罰的殘酷甚至連你都開始對他產生憐憫之心了……這樣，你就會很容易放棄你的報復心，不想真使他這樣受苦，然後大度地原諒他。

我們要時刻記住：我們有美麗、智慧、悲憫、寬恕的眼睛，我們不能用貪婪、嗔怒、愚癡的眼睛看這個世界。多一分理解和寬容，人與人之間的相處就會更快樂、更有意義。

2 忍辱波羅蜜

南懷瑾曾說：「想發脾氣，把脾氣轉爲慈悲，把煩悶轉爲快樂，這就叫一步一步修行，修正自己的行爲。」

南懷瑾先生告訴我們：「當你明白煩惱即菩提的道理時，還有辱可忍嗎？無辱可忍。一切煩惱皆是解脫我們、成就我們無上菩提的種子，這個煩惱已經轉化爲了菩提，是我們非常樂意面對和接受的。所以，無辱可忍，這就叫忍辱波羅蜜。」

佛教傳說釋迦牟尼佛在修行時，專修忍辱之法，所以他還被人們尊稱為「忍辱仙人」。釋迦牟尼佛在山中修行期間，面對蚊蟲虎豹等的侵襲，一直是忍辱而不反抗，以避免嚇怕牠們。

有一次，歌利王帶著自己的妃嬪和大臣們到山中打獵，妃嬪們便趁此機會在山中四處遊覽。她們在路上遇到了忍辱仙人，見他長髮長鬍子，面貌十分怪異，就害怕得要躲起來。忍辱仙人叫她們不用驚慌。

妃嬪們見忍辱仙人跟她們說話，就好奇地看著他，問他為什麼會在山裏面。忍辱仙人答：「我在山中修忍辱行。」放下戒心的妃嬪們就與他交談了起來。

正在這時，在附近打獵的歌利王聽到了他們的談話聲，就走來看個究竟。看到正在暢談的忍辱仙人與妃嬪們，歌利王非常生氣，就問忍辱仙人是什麼人，在山中做什麼。忍辱仙人回答說他在山中修行，為的就是能忍受一切痛打辱罵而不反抗。

歌利王不屑地說：「世上哪有受人打罵也能忍受的？」說完，他就用寶劍割下了忍辱仙人的一隻耳朵，看他是不是真的能忍受屈辱。

當看到忍辱仙人面色坦然、毫無慍色時，不甘心的歌利王隨即又割下了他另一隻耳朵。忍辱仙人說自己仍能忍受。

歌利王不相信會有被割耳朵而不生嗔恨的人，於是又割下他的鼻子。忍辱仙人仍說能忍。歌利王說：「既然你能忍受，我就助你完成道業好了。」接著他又割掉了忍辱仙人的四肢。

可是忍辱仙人只是可憐歌利王的無知，而並沒有對他產生怨恨。他還對歌利王說：「等我成佛時，第一個先度你修道。」

聽到這話，歌利王心中非常羞愧，就拜了忍辱仙人為師，跟著他研習佛道。

「佛能包納虛空，包納六道的眾生，我們學佛也要學會包容，若連周圍的人、工作的夥伴、身邊的親人都不能容納，又怎麼能說自己學佛呢？」這是南懷瑾先生對這個故事的理解。

南先生還說：「沒有這些人折磨，你的煩惱習氣怎麼會斷得了？關起門來，躲在山洞裏，一輩子也斷不了。所以天天要受考驗，天天在這裏面去磨煉境界現前，心裏就有覺悟，覺就沒有怨恨，歡喜接受。這叫真正修行，真正在做功夫，把你的煩惱習氣修正過來，叫修行。若還有一點點怨恨，心不平的話，那就是功夫還不到家，還差很大的一段距離。一定要心平氣和，這樣才能夠長智慧。」

有個脾氣暴躁、易怒的人，他經常與人爭執，大家都不喜歡他。

有一次，他到大德寺遊玩，剛好遇到一位禪師正在說法。這人聽完後，覺得禪師說得很有道理，就想要痛改前非。於是，他走到禪師跟前說：「我以後再也不跟人打架、爭吵了，就算是受人唾面，我也只會默默拭去！」

「何必拂拭呢？就讓唾沫自乾吧。」禪師說。

「那怎麼可能？為什麼要忍受成這樣？」他不解地問。

「你就把它當作蚊蟲之類停在臉上，不值得與它打架或者罵它。這沒有什麼不能忍受的，微笑地接受吧！」禪師回答。

「那如果對方不是吐唾沫，而是用拳頭打過來怎麼辦？」

「不要太在意，這只不過是一拳而已。」

那人非常不服氣，認為禪師是在胡說八道，於是生氣地在禪師頭上打了一拳，並問：「和尚，現在怎麼樣？」

「我的頭沒什麼感覺，倒是你的手，大概打痛了吧？」禪師非常關切地說。

那人聽後，立即對禪師起了敬意。

「『忍』在佛法修持裏是一個大境界，如想修得大乘佛法，則必須『得成於忍』。」

南懷瑾先生說：「忍辱的時候有痛的感覺，有非常痛苦的感受，而心念把痛苦拿掉，轉化成慈悲，這才是忍辱波羅密。到達沒有痛的感覺，那是功夫境界，不能說是忍辱波羅密的功德……極痛而能不痛，那是你真正的智慧成就，你當場就可以把五蘊裏的受蘊與想蘊，都拿開而解脫。學佛也是要學解脫，這個道理我們必須要加以說明。」

3 每一種創傷，都是一種成熟

南懷瑾先生在介紹佛學時說：「這個世界上充滿缺憾，甚多苦難，而人與一切眾生，不但能忍受其缺憾與許多的苦難，而且仍有很多的人們孜孜向善，所以值得讚嘆。如果世界上沒有缺憾與苦難，自然分不出善惡，根本也無善惡可言，那應該是自然的完全爲善，那就無可厚非、無所稱讚了。」

古印度常會發生水災或乾旱，老百姓們常常會因此失去收成，過著忍饑挨餓的日子。有一位婆羅門，對此十分不忍，便每天清晨都到廟裏去祈求梵天免除這些災難，讓人們過上富足安穩的日子。

他的虔誠終於感動了梵天，梵天來到婆羅門的面前，婆羅門激動地叩拜在大梵天的腳下說：「尊敬的梵天啊，您創造了這個世界，卻常常讓人間的土地乾旱或洪水成災，導致農民失去收成。現在大家都過著饑餓的日子，您怎麼忍心呢？還是讓我來教您點東西吧。」

聽完婆羅門的話，梵天並沒有因為他的不敬而生氣，而是平靜地說：「那就請你教我吧。」

婆羅門說：「請您給我一年的時間，在這期間，您就按照我所說的去做，你會看到，世界上再也不會有貧窮和饑餓的事情發生。」

梵天答應了婆羅門提出的條件。在這一年裏，梵天按照婆羅門的指示，沒有電閃雷鳴，沒有狂風暴雨，任何可能會對莊稼不利的自然災害都沒有發生過。在風調雨順的環境下，小麥的長勢特別喜人。

一年的時間轉眼就過去了，看到麥子長得那麼好，婆羅門就又向梵天禱告說：「梵天您瞧，如果一直按照這樣的方法，十年後，人們就算不幹活也不會餓死了。」梵天只是在空中對著婆羅門微笑著，並沒有回話。

終於到了收割的時候，當大家興高采烈地割下麥子時，卻發現麥穗裏邊空蕩蕩的，什麼都沒有。婆羅門非常驚慌，他又跑到神廟裏去向梵天禱告說：「梵天呀，請您告訴我，這究竟是怎麼一回事啊？」

「那是因為小麥沒有受到任何打擊的緣故。這一年裏，它們過得太舒服了，沒受到過烈日煎熬，也沒經過風吹雨打。你幫它們避免了一切可能傷害它們的事情，這的確能讓它們長得又高又好，但是，我的孩子，你也看見了，麥穗裏什麼都結不出來……」梵天微笑著回答。

萬事順意是不利於成長的，太舒服的生活會消磨你的意志，讓人的修養和學識停止不前。只有忍受苦難，經受必要的錘煉，才能讓一個人走向成熟，擁有大智慧。

孟嘗君曾被齊王驅逐出境，後來孟嘗君重新得勢，在他返回齊國的路上，在邊境遇到了一個叫譚拾子的齊國人。

譚拾子問他：「你恨不恨那些在你得勢時百般逢迎，而在你失勢的時候卻四散離去的人？」

孟嘗君心想：是啊，那些人真是令人討厭。於是就點了點頭。

譚拾子說：「這個世上的人本來就是這樣，看見誰貧賤就遠遠避開他，看見誰富貴就向他靠近。就像市集一樣，早晨的時候總是熙熙攘攘，到處都擠滿了人，到了晚上就空空蕩蕩，一個人也沒有。這不是人們愛早恨晚，而是根據需要來的，因此希望你不要恨那些人！」

孟嘗君想了想，覺得很有道理，便取出之前刻著那些自己痛恨的人的名字的木簡，用刀把那些名字全部削掉了。孟嘗君寬容了那些趨利避害的勢利之徒，也為自己樹立了聲望，鞏固了地位。

「一沙一世界，一塵一劫哀。」可是沒有人可以告訴我們，我們在真正成熟之前會經歷多少創傷。我們唯一可以做的就是坦然面對這些創傷，因爲每經歷一種創傷，我們就會離成熟更近一步。

4 你永遠要感謝給你逆境的眾生

佛說：在順境中修行，永遠不能成佛。你要永遠感謝給你逆境的眾生。當人們給我們製造逆境時，我們或許會感到自己吃苦了、受委屈了，但也只有在這樣的環境中，我們才能得到磨煉，提高自己的素養。我們能不感謝他們嗎?南懷瑾先生曾說：「逆境是成長必經的過程，能勇於接受逆境的人，生命就會日漸茁壯。」

有一位禪師在山中修行。一天晚上，他到林中散步，在皎潔的月光中，他發現一個小偷潛進了他的茅屋。禪師知道小偷不會找到任何值錢的東西，就趕在小偷離開之前回到茅屋，剛好不期而遇。

小偷不知所措，禪師卻微笑著說：「你走了老遠的山路來看我，我卻沒有什麼東西讓你帶走。天氣涼了，你就把我這件衣服帶走吧！」說著，親手把自己身上的禪衣脫下來，披在小偷的身上。

小偷驚慌失措，無地自容，低著頭一言未發地走了。

禪師看著小偷的背影逐漸消失在明亮的月光中，不禁感慨道：「可憐的人啊，但願我能送你一輪明月。」

第二天清晨，禪師打坐起身，一開門就看到地上放著昨天他送給小偷的衣服，疊得整整齊齊的。

禪師臉上露出了微笑：「我終於送了他一輪明月！」

南懷瑾先生曾在對佛界弟子的演講中說：「大家學佛修道，都是想證果。但爲什麼學的人多，證果的少呢？除了見地、修證之外，主要是行願不夠，不是功夫不到。」

5 不受磨煉不成佛

佛說：「十方三世一切佛皆以苦爲良師。」沒有苦，不可能成道。逆境是增上緣，因爲有苦，人才會努力、思考、精進，才會領悟，這就叫因苦成佛。

在山中的廟裏，有一口大鐘和一尊銅鑄的大佛。大鐘每天都要承受幾百次撞擊，而大佛則是每天坐在那裏接受千千萬萬人的頂禮膜拜，這讓大鐘感到十分不平。

一天夜裏，大鐘忍不住提出了抗議，他對大佛說：「我們同樣都是銅鑄的，你每天都是高高在上，人們對你燒香奉茶、獻花供果、頂禮膜拜；而每當有人拜你之時，我就要挨打，這太不公平了！」

大佛聽後微微一笑，說：「大鐘啊，你其實不必羨慕我。你不知道，當初我被工匠製造的時候，工匠們對我一棒一棒地捶打，一刀一刀地雕琢，我日夜忍耐如雨點落下的刀錘……千錘百煉才鑄成佛的樣子。我經過了這些難忍的苦行，才能坐在這裏，接受鮮花供養和人們的禮拜！而你並不曾經歷過我所歷經的苦難，現在別人只不過在你身上輕輕敲打幾下，就忍受不了了嗎？」

要成爲大佛，就必須要忍受艱苦的雕琢和錘煉。忍是修行必須的一種精神，同時也是人獲得成就的不可回避的路程。

南懷瑾在回覆網友們「組團見南師」的信中曾說：「你們以爲拜了老師就會得道，就會成佛？當面授受就有密法？真是莫名其妙！口口聲聲求法度眾生，卻連自己的事都搞不清楚。先從平凡做人做事開始磨煉吧，做一份正當職業，老老實實做人，規規矩矩做事，不要怨天尤人，要反求諸己、磨煉心智、轉變習氣，才有功德基礎。否則就成了不務正業，活在幻想的虛無縹緲中罷了……功德夠了，自己會開發智慧。」

鑒真十四歲時被智滿和尚收為沙彌，做了大雲寺內很多僧人都不願做的行腳僧。剛開始的時候，鑒真感覺做行腳僧非常辛苦，經常不能按時起床出去化緣。

有一天，已經日上三竿了，智滿師父發現鑒真依舊沒有起床，就去叫鑒真起床，並問他：「鑒真，你怎麼還不起來呢？」

「師父，我剃度才一年多，就穿爛了這麼多的鞋子，做行腳僧太苦了！」鑒真指著自己床前一堆破破爛爛的芒鞋說。

聽鑒真這麼一說，智滿師父馬上就明白了是怎麼回事。他微微一笑，對鑒真說：「你隨我到寺前的路上走走看看吧。」

大雲寺前面是一座黃土坡，由於剛下過雨，雨水把黃泥水沖到了寺前的路面上，致使路面泥濘不堪。

智滿師父站在寺前的空地上，拍著鑒真的肩膀說：「我記得你昨天在這條路上走過，你留下腳印了嗎？」

鑒真不解地看了智滿一眼，搖了搖頭說：「昨天，這條路又平又硬，我哪能留下自己的腳印呢？」

「今天呢？如果你今天再在這路上走一遭，你能找到你的腳印嗎？」

鑒真說：「當然能了。」

「為什麼？」

「這還不清楚嗎？只有泥濘的道路才能留下深深的腳印呀！」說到這裏，鑒真自己突然開悟了。他轉過身來對智滿師父說：「師父，弟子明白了！要想修煉

成佛，必須經歷苦難。」

弘一法師曾說：「能受鍛煉，便如松柏歷歲寒而逾堅；不受則如夏草春花，甫遇風霜，頹靡無似矣。」一個人不經過艱難困苦的壞境的磨煉，知識、思想和修養就很難取得大的進步，也不會對生活有深刻的感悟，自然也就難以頓悟成佛了。

6 忍辱負重不覺苦

佛說：受一切痛苦就是辱，一切不如意就是辱。南懷瑾先生對此的解釋是：「譬如我們老了、病了，老病就是辱，老病招來自己許多煩惱，也帶給別人許多煩惱。」

南懷瑾先生在講《金剛經》時說：「切斷一切萬緣叫作法忍。我們中國文學的形容詞是，拔開慧劍，斬斷情絲。有時，我們劍是拉不開的；有時候又只拉一半；有時候劍拉出來了，看看劍卻愣住了。不要說斬了，扯都扯不斷，那個劍早就鈍了。所以說，法忍也就是六度的中心，忍辱的意思。」

「我們要想學佛，要想修行成就，『忍』是最難做到的，就像打坐修定，為什麼定不住啊？兩個腿痛，你就忍不住了，這個忍就是忍辱裏的一忍啊！當然，硬忍是很難，但是你明明知道此身兩腿兩手，四大皆空，那個時候你就是空不了，忍不過去。所以，這六度的一關忍辱度，你就過不了，過不了的話，這一切皆是空談。」這是南懷瑾先生對「忍辱」的理解。

有一位白隱禪師，非常有德行，門徒也很多。距離他的寺院不遠，有一戶開布店的人家，全家都是白隱禪師的信徒。可是他們家的女兒，卻和一位行為不正的年輕人發生了關係，還沒有出嫁就有了孩子，實在很沒有面子。

做父親的一再逼問女兒那個人到底是誰，女兒深怕一講出來，他的男朋友會被父親打死，所以一直不肯講。後來，經不住父親的一再逼問，她忽然念頭一動，父親最尊敬白隱禪師，因此就說：「是白隱禪師。」

她父親一聽，整個人像天崩地裂一般，萬料不到竟有這樣的事，白隱禪師曾經是他最敬重的人呀！

他怒氣沖沖地拿著木棒，找到白隱禪師，不由分說地將他痛打一頓：「你這個壞傢伙，本以為你是得道高僧，沒想到居然和我女兒做出這等傷風敗俗的事！」

白隱禪師雖覺得不太對勁，但仔細一想對方的話，便明白了一些端倪。他心想，這個時候說什麼都沒有用，而且又關係著一個女孩家的名節，就說：「就是這樣嗎？」

小孩呱呱落地以後，女孩的父親把小孩抱到寺院，丟給白隱禪師說：「這就是你的孽種，還給你！」從此，白隱禪師只好做起了這孩子的保姆，天天帶著孩子化緣奶汁，到處遭受辱罵與恥笑：「這個不守戒律的壞和尚！」但是白隱禪師不論受到怎樣的辱罵，仍是默默地撫養這小孩。

在這之前，女孩的男朋友早已嚇得逃跑到外地去了。過了好幾年，他才敢回來找這位女孩，問起過去的事。女孩罵道：「你這個不負責任的混蛋，你走了，我沒有辦法，只好說孩子是白隱禪師的。」

年輕人一聽馬上說：「你怎麼可以誣衊禪師呢？他可是個大好人啊，我們真是罪過啊！現在該怎麼辦呢？」女孩也愧疚地說：「只好去向白隱禪師懺悔了！」

聽女兒表明當年事實的真相後，父母親心裏都感到無限懊悔，便立刻帶著全家大小，向白隱禪師陪罪懺悔。白隱禪師聽了以後，也沒生氣，只簡單地說：「哦！原來是這樣子！這小孩是你們的，你們就抱回去吧！」

南懷瑾先生說：「忍辱最難辦。你說自己心很清淨，戒律也很好，那是當你沒有受到打擊的時候；打擊一來啊，就火冒八丈高了，也管不了清淨不清淨，什麼毛病都出來了。所以忍辱是六度的中心，因為那是最難最難的。也因為這個原故，大乘菩薩必須進入無生法忍，才能登上菩薩地。」

有一個禪師，在老師的身邊學禪多年都沒有什麼成果，老師便想找一個適當的機會點化他。一天飯後，年輕禪師陪著老師在長滿一片青草的田野上散步，老師隨口問他：「你看這田野是不是很青翠。」

年輕禪師回答：「是啊，鬱鬱蔥蔥，很有生機。」

「哈哈哈……」老師聽後，發出了一陣大笑聲便踱步離開了。

年輕禪師愣在了那裏，心想：我有什麼說錯了嗎？我覺得我沒有說錯什麼呀！老師為什麼嘲笑我呢？

年輕禪師因放不下老師這一神秘的笑而寢食不安，心裏總是想，我哪裡說錯了呢？老師為什麼嘲笑我呢？連睡夢中都會被老師那神秘的笑聲驚醒。

他實在忍不住了，第二天清早，便去請求老師明示：「師父！昨天在田野裏我是哪裡說錯了呢？」

「你沒有哪裡說錯啊！」老師回答。

「那師父為什麼嘲笑我呢？」年輕禪師又問。

老師說：「你既然沒有說錯做錯，為什麼要在乎別人是笑是罵呢？你看過市集上專門耍把戲的小丑嗎？眾人對他指指點點，並發出陣陣嬉笑，但他依然能心安理得地表演。而你被人一笑便弄得寢食不安，對外界的看法如此執著，如何參禪悟道呢？實在是連耍把戲的小丑都不如啊！」

南懷瑾先生說：「我們學佛的人注意：別人態度不好，或一句話不中聽，馬上起計較心，乃至起嗔恨心，你所有的功夫、修道，都垮掉了。青年同學們注意，不要聽了金剛經講忍辱，就萬事不做，自以爲那是忍辱。要入世忍人所不能忍，行人所不能行，才是真正大乘道的忍辱精神。」

第五課
不過於追求圓滿

1 有缺陷才是圓滿

佛說：不完滿的人生才是完美的人生。

一位即將圓寂的老和尚想從兩個徒弟中選一個作為衣缽傳人。有一天，老和尚把徒弟們叫到他的面前，對他們說：「你們出去給我揀一片最完美的樹葉。」兩個徒弟遵命而去。

不久，大徒弟回來了，遞給師父一片並不漂亮的樹葉，對師父說：「這片樹葉雖然並不完美，但它是我看到最完美的樹葉。」

二徒弟在外面轉了半天，最終卻空手而歸。他對師父說：「我看到了很多很多的樹葉，但是怎麼也挑不出一片最完美的。」最後，老和尚把衣缽傳給了大徒弟。

完滿與不完滿是一個相對的概念。當我們能夠把生活中那些不如意的事情看成人生的重要組成部分時，人生就是完滿的；而當我們把它看成是一種缺憾的時候，人生就是不完滿。

有這樣兩個少年：他們一個喜歡彈琴，想成為一名音樂家；另一個愛好繪畫，想成為一名美術家。然而，一場災難讓想當音樂家的少年再也無法聽見任何聲音；那位想當美術家的少年，也無法再看到這個五彩繽紛的世界。

兩個少年非常傷心，痛哭流涕，埋怨命運的不公。這時，一位老人知道了他們的遭遇和怨恨，就對耳聾的少年用手語比劃著說：「你的耳朵雖然壞了，但眼睛還是明亮的，為什麼不改學繪畫呢！」然後，他又對眼瞎的少年說：「你的眼睛儘管壞了，但耳朵還是靈敏的，為什麼不改學彈琴呢？」

兩個少年聽了，心裏一亮。他們從此不再埋怨命運的不公，開始了新的追求。

改學繪畫的少年發現，耳聾了可以使自己避免一切喧囂的干擾，使精力高度專注；改學彈琴的少年慢慢地發現，失明反而能夠免除許多無謂的煩惱，使心思無比集中。

後來，耳聾的少年成了著名的畫家，名揚四海；眼瞎的少年終於成為了音樂家，享譽天下。他們相約去拜見並感謝那位老人。

老人笑著說：「不用謝我，該感謝你們自己，因為你們自己看得開，才能夠獲得今天的成就啊。」

有一個漁夫在打漁的時候發現了一顆珍珠，他非常感謝上天給予他的恩賜。漁夫把珍珠帶回家之後，就在燈下仔細地觀看欣賞，突然發現珍珠上有一個小小的斑點。漁夫認為它影響了整顆珍珠的價值，便想將這個斑點磨掉。

他找來了工具，開始細細地打磨這顆珍珠。珍珠在他的手裏越來越小、越來越小。終於，斑點消失了，而珍珠也已經不見了。

沒有缺憾的人生是不存在的，就像漁夫手中的珍珠，當他所認爲的瑕疵消失的時候，珍珠也不復存在了。

「人有悲歡離合，月有陰晴圓缺，此事古難全。」已經道出了人生總是存在著缺憾。事物總是循著自身的規律發展，即使在我們看來那是不理想的，它也不會隨著我們的意志而轉移。

有一個人對自己悲慘坎坷的命運深感悲哀，無奈之下，他只能祈求上帝改變自己的命運。上帝對他說：「如果你能夠在人世間找到一位對自己的命運心滿意足的人，我就為你改變命運。」於是，此人開始了漫長的尋找之旅。

在這個人看來，這樣的人有很多，很容易就可以找到。

他首先找到了他認為最應該滿足的人——國君。

他來到皇宮，詢問國君對自己的命運是否滿意。國君嘆息說：「我雖貴為國君，卻日夜提心吊膽、寢食難安，總擔心自己的王位能否長久，擔心國家能否長治久安。事實上，我還沒有一個流浪漢過得快活。」

那人聽了國君的話，感到很困惑，於是，他又找到了流浪漢。

遠遠地看過去，在曬著太陽的流浪漢是那麼滿足，那人覺得自己找對了人，便上前詢問。流浪漢奇怪地望著他說：「你開什麼玩笑？我每天過著食不果腹、衣不蔽體的生活，怎麼可能對命運滿意？其實我每天都在詛咒上天的不公。」

那人還是不甘心，他走了很多地方，詢問了處在各個階層、從事不同行業的人，可是每個人都說自己對命運不滿意，人人都對自己現有的生活有所抱怨。最終，這人有所感悟，從此不再抱怨自己的生活。

這個時候，上帝出現了，「你現在是否還覺得自己的生活很悲慘？」

那人搖搖頭說：「不，我現在才明白，每個人的生活都有不盡如人意的地方，以前是我在苛責生活，才會覺得生活很不容易。其實，在我的生活中，有很多令我滿意的事情，我現在很滿足。」

上帝笑笑說：「看吧，你的命運已經在改變了。」

人生的缺憾往往也能成就「完滿」的人生。偶爾的失意和失去雖然是一種缺憾，但它卻讓我們的生活變得像波濤洶湧的大海一般多姿多彩。若是人生真的能夠事事如意，那我們的人生就會成爲一潭死水，毫無亮點。人生的完滿與不完滿始終是相對的，完滿到了極致就是不完滿，不完滿往往也意味著完滿。

2 婆娑世界，婆娑即遺憾

南懷瑾先生在講《金剛經》時說：「在這個有缺陷的世界上，沒有一個人的人生是圓滿的，假使圓滿他早就死掉了，因爲佛稱的娑婆世界，是一個缺陷的世界，所以要保留一點缺陷才好。曾國藩到晚年，也很瞭解這個道理，他自己的書房叫求缺齋，一切太滿足了是很可怕的，希望求到一點缺陷。」

有一個小木輪，它的身上少了一小塊，為了補上這塊缺憾，小木輪踏上了旅途，它下定決心要尋找一塊和自己身上缺少的那塊一模一樣的小木片。

在它長途跋涉的過程中，由於缺少了一塊，不夠圓，所以它走得非常緩慢。

當時正是草長鶯飛的季節，一路所見，全是美麗的花草樹木。在色彩絢麗的田野裏，很多不知名的花兒競相開放，路邊的樹上還有會唱歌的小鳥。小木輪覺得很愜意，一點也不認為自己走得很慢。

終於，小木輪經過不懈的努力，終於找回了身上殘缺的那塊木片。小木輪重新出發了，由於它現在已經不再有缺陷，自然是走得飛快。

這下，小木輪著急了，因為它再也聽不清小鳥們清脆的歌聲了，也再沒有時間欣賞美麗的花朵了。單調的趕路讓它非常洩氣，經過再三考慮，它決定把木片卸掉。這樣，它又能聽到小鳥歌唱，看到花朵開放了。丟失的好心情也再次回來了。

人在有所失去的時候，往往特別盼望能夠恢復完整。其實，心中滿懷希望和期待並沒錯，它會讓你懂得珍惜和感恩，使你受益一生。能認識到自己有種種遺憾，勇於放棄不切實際的夢想而坦然的人，可以說是完整的。

缺點和瑕疵有時候對我們來說是一種恩惠，因爲在我們改變自己缺點的過程中，我們可以體味到真正的人生。若是沒有了缺點，我們就失去了人的完整性、真實性，也就可能感覺不到人生的快樂了。

從前有個畫家，想畫出一幅人人見了都喜歡的畫。他把畫好的畫放在路邊，在畫旁放了一枝筆，並附上一則說明：「親愛的朋友，如果你認為這幅畫哪裡有欠佳之筆，請賜教，並在畫中標上記號。」

晚上取回畫時，整個畫面都塗滿了記號，沒有一筆一畫不被指責，畫家心中十分不快，對這次嘗試深感失望。

他決定用另外一種方法再去試試。於是，他又畫了同樣的一幅畫拿到路邊，這次，他請每位觀賞者將其最為欣賞的妙筆都標上記號。結果是，一切曾被指責過的筆劃，如今都換上了讚美的標記。

最後，畫家不無感慨地說：「我現在終於明白了，自己做什麼只要使一部分人滿意就足夠了，因為有些人看來是醜的東西，在另外一些人眼裏恰恰是美好的。」

世界上不存在沒有「瑕疵」的事物，盲目地追求一個虛幻的境界只能是勞而無功。與其這樣，不如坦然接受生活中的不盡人意，只有這樣，我們才能夠用正確的態度對待生活中的挫折和失敗，並從中吸取經驗，爲成功做好鋪墊。

缺憾不一定是美，但缺憾可以創造美。聾啞人演出的《千手觀音》引起了人們極大的興趣，但它所帶給人們的是殘疾人所表現出來的超常的表現力和幕後的艱辛，更多的是人們對演員的驚嘆和演技的讚許。殘缺並沒有讓她們消沉，反而激勵她們用另外一種形式無言地表達出了殘缺的美麗。

有一個國王，有五個漂亮的女兒，國王送了她們每人一百支漂亮的水晶髮夾。公主們非常高興，將髮夾珍藏了起來。

有一天，大公主早晨起來之後，像往常一樣去檢視自己的髮夾，發現髮夾少了一支。於是，她偷偷地跑到二公主那偷了一支。

二公主發現髮夾少了一支之後，如法炮製，跑到了三公主那裏偷了一支。接著，三公主偷四公主的，四公主偷五公主的。五公主發現髮夾少了之後，沒有聲張，也沒有覺得有什麼不好，她沒有像她的姐姐們一樣去偷別人的。

過了幾天，鄰國的王子到來，他對國王說：「前幾天，我的一隻百靈鳥叼回了一支髮夾，我想一定是哪一位公主的，這是上天安排的緣分。」

每個公主都想說髮夾是自己的，但是一百支髮夾好好在那放著，她們都無話好說。只有五公主，她的髮夾少了一支，王子深深地迷戀上了漂亮的五公主，與她過上了幸福的日子。

缺憾的美麗不在於殘缺本身，而是因爲缺憾能留給我們更多的思考、更深沉的內涵、更豐富的想像、更美麗的期待。

3 把缺陷當作動力

南懷瑾先生曾說：「一個人學問的成功也好，事業的成功也好，做生意的成功也好，必須要帶一點病態，必須帶一點不如意，總有一些缺陷，才能夠促使他努力。」

有一位靠賣一些小雕刻品維持生計的小攤販，因小時候患病，落下了殘疾，行動不便。但是經過自己十幾年的不懈努力和拼搏奮鬥，他終於成了聞名遐邇的雕刻家和經營雕刻精品的大老闆。

有記者對他進行採訪時感慨說：「您如果不是身有殘疾，恐怕會更有成就。」

他卻淡然一笑說：「或許你說的話有些道理，但我並不感到遺憾。因為如果不是身患殘疾，行動不便，我肯定早下地當了農民，哪有時間堅持學習，掌握一技之長呢？我應該感謝上帝給了我一個殘缺的身體。」

弘一法師曾說：「我只希望我的事業失敗。因爲事業失敗、不完滿，才使我常常大慚愧，能夠曉得自己德行欠缺、修善不足，那我才會努力用功，努力改過遷善！」

有一家大型商場，新進購了一批樣式新穎、色調勻稱的高檔玻璃杯，商場的負責人相信它們一定能成為商場裏最搶手的杯子。然而，一個多月過去了，買這種杯子的顧客卻沒幾個。

商場負責人坐不住了，決定親自調查原因。他仔細地觀察了來買杯子的顧客一段時間，發現很多顧客看到這麼漂亮的杯子，先是一陣驚喜，但當拿到手仔細看過之後，卻又都搖搖頭，放下杯子走開了。

負責人百思不得其解，就去請教朋友，讓他們試著買一個杯子。朋友們也是看了看那個杯子就放下了。負責人向朋友們詢問緣由。

一個細心的朋友告訴他說：「這批杯子，杯身設計新穎、做工精細，但它們的蓋子卻有一處缺陷，我想要買下杯子，卻又總覺得買了吃虧。」

聽完朋友的話，負責人想了一會兒，便馬上讓工作人員把這批杯子上的蓋子全部取走，但杯子仍放在櫃檯上原價出售。結果，十天後，這批杯子就被搶購一空。

季羨林先生也曾說過：「每個人都爭取一個完滿的人生。然而，從古至今，海內海外，一個百分之百完滿的人生是沒有的。所以我說，不完滿才是人生。」

世間本來就是不完滿的，過去不是，現在不是，將來也不是，現實就是以缺陷的形式呈獻給我們的。我們總是抱怨自己的生活中有很多不如意的事情，充滿了苦難，卻沒有意識到這是我們人生必要的組成部分。

有一位禪師，每日與眾人宣講佛法，總是會說：「快樂呀，快樂！人生好快樂！」可是有一次，他得病了，在生病中不時喊叫著：「痛苦呀，好痛苦呀！」

另外一位禪師聽到了，就來責備他：「你一個出家人，生病了，老是喊苦，多難看呀！」

生病的禪師說：「健康快樂，生病痛苦，這是順其自然的事，為什麼不能叫苦呢？」

另一位禪師說：「記得當初你有一次掉進水裏，快要淹死了，你還是面不改色，那種豪情如今何在？你平時都講快樂，為什麼到生病的時候，要說痛苦呢？」

禪師抬起頭來輕輕地問道：「你剛才說我以前講快樂，現在都是說痛苦，請你告訴我，究竟是說快樂對呢？還是說痛苦對呢？」

南懷瑾先生說：「生在天堂沒有痛苦，沒有刺激，天天在享福，眾生也不想修道，用不著嘛！生在地獄裏，受苦受難都來不及，沒有時間搞這一套。只有生在娑婆世界，有苦有樂，有善有惡，各有一半，所以能夠刺激你發生解脫的智慧，是成佛的捷路。」

有一戶農家人的院子裏，種著幾畦哈密瓜，到了收穫的時候，他們採摘到了又大又甜的哈密瓜。

一個六七歲的小男孩正津津有味地吃著哈密瓜，爺爺看他吃得開心，就問他：「哈密瓜甜不甜？」小男孩說：「甜，比蜜還要甜哪！」

爺爺笑呵呵地問他：「上次哈密瓜栽秧的時候，你記不記得我讓你做了什麼？」

小男孩想了想說：「您讓我把苦巴豆埋到地裏。」

爺爺又問：「苦巴豆是什麼味道，你知道嗎？」

小男孩不好意思地回答道：「我上次偷吃了一把苦巴豆，比藥還苦，我喝了好多水才不苦了。為什麼要在哈密瓜的秧苗下埋上苦巴豆呢？哈密瓜不會變成苦的嗎？」

「哈密瓜在下秧前，先要在地底下埋上一把苦巴豆，瓜秧才能茁壯成長，結出蜜一樣的果實來。巴豆的苦，變成了哈密瓜的甜。苦能夠化成甜，甜也能夠化成苦，所以，這世上無所謂苦樂之分啊！」爺爺笑著回答說。

其實，苦樂本就是一體的。人生苦樂參半，痛苦與快樂常常相伴相生。有人說、人生痛苦多於快樂；但也有人認爲，痛苦的後面一定是快樂。苦與樂就像天空的晝夜，沒了白晝的光明就無所謂夜的黑暗，沒了夜的寧靜就沒有了晝的熱鬧。我們生活在憂傷與快樂中，痛苦並快樂著。

4 永遠保持「初心」

南懷瑾曾說：「我們做人做事，要永遠保持剛剛出來的那個心情。譬如，年輕人剛出學校時滿懷希望、滿懷抱負，但是入世久了，挫折受多了，艱難困苦經歷了，或者心染汙了、變壞了；或者本來很爽直的，變得不敢說話了；或者本來很坦白的，變成心理扭曲了；本來有抱負的，最後變得很窩囊了。」

有四個和尚一起參加禪宗的「不說話修煉」。在四人當中，除了一個小和尚道行較淺外，其他三人都是道行較高的。

在這個「不說話修煉」的過程中必須要點燈，這項任務理所當然就由道行最淺的小和尚負責了。

修煉開始後，四個和尚圍繞著那盞燈，盤腿打坐，進行修煉。幾個小時過去了，四人都沒有出聲。當然了，他們都在進行「不說話修煉」，沒有人說話算是正常現象。

然而，油燈中的油卻愈燃愈少，眼看油燈就快要燃完了，負責管燈的小和尚看到這種情況後，心中十分著急。就在這個時候，突然一陣風吹來，燈火幾乎就要熄滅了。

管燈的小和尚忍不住大叫道：「糟了，火馬上就要熄滅了。」

聽到小和尚的喊叫聲，另一個和尚立刻斥責他說：「你不知道我們在做『不說話修煉』嗎？你叫什麼！」

第三個和尚聽到後，又氣憤地罵第二個和尚說：「你不也開口說話了嗎？真是太不像樣了！」

而道行最高的第四個和尚仍然在那裏閉目靜坐。可是沒過多久，他就睜開眼睛，傲慢地看了其他三個和尚一眼，然後自豪地說道：「只有我沒說話。」

三個「得道」的和尚在指責別人「說話」的同時，自己也不知不覺地犯了「說話」的錯誤。

就這樣，只是為了一盞燈，四個參加「不說話修煉」的和尚，先後都開口說了話。這說明，一個人一旦被外物所擾，就會很容易忘記自己最初的目的。

南懷瑾先生說：「只是心理意識上覺得一切如夢如幻，這不算是求證。所謂證，是把整個身心投進去，徹底做到空掉身心；外面的物質世界也空掉，一步一步空下去。大家千萬不要認爲這是理論，做不到，而忽略了此心不可思議的力量。這在諸佛菩薩而言，謂之心力；在凡夫而言，謂之業力。諸佛菩薩的智慧神通有多大，一切凡夫的業力也有多大。」

南先生在講學時還曾提到這樣一個故事：

傳說，唐朝玄奘法師到印度去求學的時候，路上經過靠近喜馬拉雅山後面一個雪山，天氣非常寒冷，到處都是積雪。然而，讓玄奘感到奇怪的是，山頂上卻一點兒雪都沒有。於是他就好奇地跑上去看，結果發現地上有很粗很長的頭髮，下面似乎還有一個人。玄奘認為，這一定不會是跟他同一個時代的人，很有可能是上古時期的。

當玄奘法師把旁邊的積雪都挖開時，發現裏面確實有一個很高大的人，而且還在盤腿打坐。玄奘法師就用引磬在他耳邊慢慢地敲，那人就出定了。他告訴玄奘法師說，自己是釋迦牟尼佛之前迦葉佛末法時代的比丘，在這裏修行入定，想要等到釋迦牟尼佛下世來，向他請教佛法。

玄奘法師告訴他，釋迦牟尼佛已經涅槃了。那人就說：「那我再等下一次彌勒菩薩來吧！」

玄奘法師說：「你這樣也不是辦法，你現在入定了，等彌勒菩薩再來，又有誰會來通知你出定呢？」

「這也對呀！」那人一聽，也覺得很有道理，但是他又不知道自己該怎麼辦。

玄奘法師就建議他出神離開這個身體，叫他到大唐向那個最大的宮殿去投胎當皇子，以後做自己的弟子。於是，這個人就出神走了。

二十年後，玄奘回到大唐，見到唐太宗時說起了這件事，並說要找這個來投胎的皇子出家，結果查遍後宮，發現當天並沒有皇子出生，倒是尉遲恭將軍家裏那天生了一個侄子。

原來那個羅漢來大唐投胎的時候，錯把尉遲恭的王府當成了皇宮。唐太宗就聽從玄奘的意見，把尉遲恭找來，並對他說：「我想要出家，但我現在是皇帝，不能出家，就請你讓你家那個孩子代表我出家吧！」

玄奘法師以為當初見到那個羅漢的時候，看他定力那麼高，應該還會認識自己。沒想到，他對玄奘雖然感覺似曾相識，卻並不知道他是誰。皇帝命令他出家時，他還提出了三個條件：一車酒肉，一車書，還要有一群美女服侍他。

他就是後來玄奘法師的唯識傳人窺基法師，又被人稱為三車法師。

南懷瑾先生向我們講述這個故事的目的，就是想要告訴我們：「得到了那個清淨、一念空的境界，才能夠入定；而且連身體都可以忘掉，也可以抗拒氣候的變化，甚至地球的各種物理變化。那個羅漢是有功力的人，一念空掉就入定了。」

「有些學道學佛的朋友說：老師，你叫我來打坐、學佛，我是很高興，就是有一個東西丟不下。我說：那你就兩打吧！打打牌，打打坐，都可以方便。因爲他這個結習未除，也就叫作有多餘涅槃。其實我們在座有很多打坐的同學，都入了這個涅槃了。到這裏來，法師把木魚一敲，打坐好好的，念頭滿空；等到兩個鞋子下了樓，趕快找地方去打牌啊，喝酒啊，就是有多餘涅槃。」

佛經上說：「幻心滅故，幻塵亦滅。」南懷瑾解釋說：「身體空掉，心也空掉，但是，物質世界還有。再進一步，身心外面的塵世界也把它空掉，這才是佛法一切唯心的道理。佛在《楞嚴經》上說：『心能物轉，即同如來。』這不是理論，要確實做到才行。」

第六課 學佛是為了修心

1 始終保持內心的和諧

佛說：心淨則國土淨，心平則天下平。

南懷瑾先生在講佛經時說：「諸佛菩薩自己跳出了三界以後，爲了悲憫眾生，再回到苦海中度眾生。當然，我們不知道哪位是菩薩再來，他也不告訴你。假如某某人告訴你，我是什麼菩薩化身，那你就要留心了。我國有句老話：『半瓶水響叮噹。』滿瓶水不會響，對不對？『學問深時意氣平』，真菩薩來，他不會讓你知道，都是等過後才露出一點痕跡訊息，而他已經不在了，有的甚至連走了都不告訴你。」

從前，有姓黑和姓白兩個和尚，他們原本在一處修行，但是為了做進一步的修煉，就分開各自去尋訪名師，拜師學藝。在出發的時候，他們約定在十年後的今天回到分手的地方，不見不散。

十年後，兩人依約在當初分開的地方見了面。白和尚問黑和尚：「黑老大，你老兄練就了什麼絕活？你的功夫一定很精進吧！」

「那是當然！我拜的師父是達摩禪師的傳人，他教會了我蘆葦渡江的無上功夫。」黑和尚自豪地說，「一會兒就讓你開開眼界！」

黑和尚說完後，就帶著白和尚來到江邊的渡口，在岸邊摘下一根蘆葦草丟入江中，然後乘著蘆葦草渡江而過，而白和尚就跟著眾人乘船過江。

當兩個人都到達河對岸後，黑和尚得意地向白和尚說：「怎麼樣？厲害吧！你老弟練了什麼無上的功夫？也露一手讓我瞧一瞧！」

白和尚很不好意思地低聲說道：「我好像沒有練什麼本事，我師父只是教我專心一意地當和尚，讓我每天認真地吃飯、睡覺，敲鐘念經也要很專一，所有的事情都要努力認真去做，然後一切隨緣而行！我師父告訴我說，這就是無上的心法和智慧，我也不知道到底對不對！」

黑和尚聽後哈哈大笑。他不客氣地大聲說道：「這算是什麼功夫？看來你這十年都是白學了。」

白和尚露出不置可否的表情。過了一會兒，他正經八百地說：「黑大哥，那你還練了其他的功夫嗎？」

黑和尚不屑地瞄了白和尚一眼，回答說：「難道我用十年的時間練就達摩神功的蘆葦渡江術還不算厲害嗎？」

白和尚搔了搔頭，小聲回答：「你是很厲害！可是，只要付給船夫三文錢就可以渡江了。黑大哥，你為什麼要花十年的時間去練它呢？難道你十年的時間就只值三文錢嗎？」

黑和尚一下子愣住了，他哭喪著臉，不知該如何回答。

「要是沒有船呢？」不知何時來的黑和尚的師父突然朗聲說道。

白和尚也被問住了，久久答不出話來。

南懷瑾先生曾說：「有才能的人，多半鋒芒凌厲，到不得勢的時候，一定受不了，滿腹牢騷，好像當今天下，捨我其誰？如果我出來，起碼可比諸葛亮。有才能的人，往往會有這個毛病！」

有才能，不應該狂妄自大；有缺陷，也不必妄自菲薄。以平和的心態看待別人對自己的評價，珍惜自己所擁有的，同時也要用欣賞的眼光去看待他人的長處。

有一位修道十分虔誠的和尚。有一次，一個遠方來的客人在他家住下，他端了一盤棗子來招待這位客人。

因為客人覺得棗子的味道香甜可口，不一會兒，一盤棗子便被吃得乾乾淨淨。吃完之後還對和尚說：「這種棗子味甜肉軟，非常好吃，而我們家鄉那邊卻並沒有這種植物，您能不能給我一些種子，再教教我栽種的方法？因為我想在我的家鄉也種這種棗子。」

和尚回答說：「想要栽種幾棵棗樹並不難，但是，只怕你的家鄉不適宜種棗樹啊！棗子是堅硬而不易消化的東西，沒有什麼稀奇的。而且，據我所知，你的家鄉有很多果樹，根本不需要棗樹。人的欲望應該有個止境才好，不宜過奢。」

和尚說話時用的地方口音響亮而且動聽，客人對此也是非常羨慕。接連幾天，他都在模仿和尚說話，結果學了幾天也只是勉強相像而已。

和尚知道了這件事後，就對客人勸道：「你不應該去模仿別人說話，從而丟掉了自己的本色。盲目模仿別人，只會像那烏鴉一樣自討苦吃。」

「烏鴉怎樣自討苦吃？」客人不解地問。

和尚便對他講了烏鴉的故事：有一隻烏鴉看見竹鷓鴣舉止活潑又漂亮，非常羨慕，就開始天天模仿竹鷓鴣的舉動。

過了一段時間後，烏鴉不但沒有學會竹鷓鴣的舉止，還開始覺得渾身發痛。牠就決意不再學竹鷓鴣，想要恢復自己原來的習慣。然而，烏鴉的腳再也不像以前那麼靈活了，走動起來不僅覺得很困難，姿勢也變得非常難看，大家看到後，就都開始嘲笑烏鴉。

講完這個故事後，和尚又說：「我舉這個例子，就是想告訴你：你拋棄了自己本來的說話方式，而去模仿並不適合你的說話方式，我擔心你模仿不好別人，還忘了自己原來是怎麼說話的。強制自己去做不適合自己去做的事，是不明智的。」

保持自己內心的和諧，不盲目模仿別人，自己有自己的特色，才是最重要的。

南懷瑾先生說：「你說，『我智慧很高』，自恃聰明，那你就是第一等笨人。怎麼樣才是第一等智慧呢？言語道斷，心行處滅，到這個境界無思無慮，是第一波羅蜜。以這個方法來求佛、學佛、成佛，就對了。」

2 心不正，心不淨，人身就多病

南懷瑾說：「以佛法來講，一切人生理上的病，多半是由心理而來。所謂心不正，心不淨，人身就多病。什麼叫淨心呢？平常無妄想、無雜念，絕對清淨，才是淨心。有妄想、有雜念、有煩惱，是因喜怒哀樂、人我是非而來的。裏面提到很多病，一條條都是關於我們心理行爲的毛病。」

有一次，南懷瑾先生以前的一位學生去看他，兩人有二十年沒見面了。

南懷瑾先生問他：「你以前那位老師呢？還在嗎？」

「在呀！都八十六歲了。」那人回答說。

他那位老師曾經在六十多歲的時候來看過南懷瑾，還對南懷瑾說：「我是實在沒辦法，才來找你。」

南懷瑾先生就問他有什麼要緊事。那位老師回答說：「我失眠三十年，中西醫都治不好，我想學打坐。」

南懷瑾先生回答說：「對不起！為了學佛，打坐可以，為了治失眠，那不行。別人治得好，你治不好。」

「為什麼？」那位老師奇怪地問道。

南懷瑾就說：「你死了沒有？」

「你開我玩笑！當然沒有死。」老師說。

南懷瑾就笑著說：「對呀！既然沒有死，你擔心什麼？你失眠了三十多年，還活得好好的，而且你活得比別人還划得來，為什麼？一般人活六十歲，有一半在睡覺，你可以不睡覺，不是等於活了一百二十年？這一本萬利的事為什麼不做呢？」

南懷瑾先生在一次講學時說：「失眠不是病，病在害怕恐懼。唉呀！我昨夜失眠，內心一直焦慮，結果弄得心神不寧。睡不著，起來看書做事多好！有很多病實際上只有三分，是自己心理的恐懼加重了七分。」

佛經上記載：有一次佛陀設道場講經說法時，波斯匿王率領大軍由此經過。波斯匿王聽到一位出家師父誦經的聲音特別好聽，就忍不住下馬來向佛陀頂禮，並向他請教。

波斯匿王說：「如果您能夠請那位誦經的師父出來，讓我見上一面，我願意佈施十萬文錢！」

佛陀回答：「那就請您先佈施十萬文錢，然後我再去請那位誦經的師父出來和您相見。不然，我擔心等您看到那位師父以後，就不會出錢了。」

聽了佛陀這麼說，波斯匿王只好先佈施了十萬文錢供養僧寶。當他見到那位師父的相貌以後，心裏很後悔——沒有想到聲音清脆宏亮的那位師父，不僅面貌醜陋，身材也非常矮小。

波斯匿王就問佛陀這是什麼原因。佛陀解釋說：

「從前有一位名叫迦葉佛的聖人圓寂後，國王就命令四位大臣監工，為這位聖人蓋一座很大的塔。可是其中一位大臣很懶散，國王看他對自己的命令一點兒都不積極，就責備了他幾句。那位大臣就非常氣憤地抱怨說：『這麼大的一座塔，什麼時候才能完工呢？』

在塔建好後，這位大臣看到塔尖很莊嚴，就把一個寶鈴掛在了上面。正是因為他的懶散和隨便發怨言，讓他在以後的五百世中都很矮小；卻又因為在塔上掛了一個寶鈴，讓他的聲音在這五百世中都非常宏亮而且悅耳。」

南懷瑾先生在講《圓覺經》時說：「悟了道以後，心清淨了，眼睛所看到的物質世界都是乾淨的，此地就是淨土，內心沒有煩惱，跟著肉體的眼根也轉過來，『眼根清淨』。再進一步，眼睛內在的知覺——眼識也清淨，再接著耳根、耳識……乃至鼻舌身意六根、六識都清淨了，將整個肉體都轉成清淨之身。」

在一間破舊的小廟裏，有一位出家人獨自居住。他在這裏住了二三十年，但是從來沒有人看到他念佛，也沒有人看到他念經，甚至沒有人看到廟裏有任何的法器。他沒有做早晚課的習慣，連鮮花的供養都時有時無。

這位出家人靠自己種的一點菜維持生活。在附近的人們看來，他除了沒有妻子，頭上沒有頭髮外，跟平常在家的普通人沒什麼兩樣，因此也沒有人對他表示特別的尊敬。

有一天，他召集鄰里，說自己要往生了。說完之後，居然坐著那兒就走了。

這位出家人儘管外表邋邋遢遢，連早晚課都不做，但是他的心真清淨，他是真修行。

南懷瑾認為：「在任何時間，不起虛妄的幻想，此心就是那麼平靜就好了。假如真能做到，這就是菩薩道，不須再念什麼咒，或是觀想、拜佛。就如蒼雪大師所說的：『不是息心除妄想，只緣無事可思量。』非常平實，這是真正的觀心法門，正修行之路。這也就是禪，如來禪所標榜的法門。」

3 心境是沒有界的

南懷瑾先生說：「佛學經常拿海水來說明人的心境，我們的思想、情感，歸納起來，只是感覺與知覺，它們像流水一樣，永遠在流，不斷地流。所謂『黃河之水天上來，奔流到海不復回』，就是那麼一個現象。」

有一位名叫道樹的禪師，在道士的廟觀旁邊建了一所寺院。這讓廟觀裏的道士們心裏很不是滋味，他們總想著把寺院裏的和尚全都趕走。於是，他們就每天變一些妖魔鬼怪來騷擾寺裏的僧眾，今天風馳電掣，明天呼風喚雨，想把他們嚇走。

這的確嚇走了不少年輕的沙彌，但道樹禪師卻在這裏一住就是十幾年。

道士所變的法術都用完了，道樹禪師還是無動於衷，道士們被逼無奈，只好放棄道觀，搬到了其他地方。

有人不解地問道樹禪師：「您是怎麼勝過法術高強的道士們的呢？」

「我沒有什麼能勝他們的。」禪師說，「要說有的話，我只有一個『無』字能勝他們。」

「『無』怎能勝他們的法術呢？」

禪師說：「道士們『有』法術，『有』就意味著是有限、有邊、有量、有盡；而我卻『無』法術，『無』也可以說是無限、無邊、無量、無盡。『無』和『有』的關係就是不變應萬變。因此，我『無變』當然會勝過『有變』了。」

南懷瑾說：「佛法講修持，百千三昧的定境不同。有一種定境是，雖日理萬機，分秒都沒有休息，但是他的心境永遠在定，同外界一點都不相干。心，要想它能定住，是非常困難的。像年紀大一點的人睡不著，因爲心不能定。年紀越大思想越複雜，因此影響了腦神經，不能休息下來。」

在談到打坐時，南先生說：「坐著並不難，難在如何用心。如果把一念空了，就好了。如何把心念一下清淨下來，方法很多，如眼睛平視前方，對著前面的人或像，或一個目標，眼盯著看，心念就會慢慢清淨下來。如果有妄念，不要設法去除妄念，每一個妄念來時，不去理它，它自己會跑走的，不用我們去管它。」

有一個小和尚，因為師兄師弟們老是說他的閒話，他為此感到非常苦惱。念經的時候，他的心總在那些閒話上，而不是所念的經文上。

這天，他實在無法忍受了，就跑去找師父告狀：「師父，師兄弟們老說我的閒話。」

「是你自己老說閒話。」師父雙目微閉，緩緩說道。

「他們多管閒事。」小和尚不服地辯解。

「不是他們多管閒事，是你自己多管閒事。」師父仍然沒有睜開眼睛，平靜地說道。

小和尚又說：「他們瞎操閒心。」

師父說：「不是他們瞎操閒心，是你自己瞎操閒心。」

「我管的都是自己的事啊！師父為什麼這麼說我呢？」

「操閒心、管閒事、說閒話，那是別人的事，別人說別人的，與你何干？而你不好好念經，老想著別人操閒心，難道不是你自己在操閒心嗎？老管別人說閒話的事，難道不是你自己在管閒事嗎？老說別人說閒話，難道不也是你自己在說閒話嗎……」

師父話音未落，小和尚已經茅塞頓開。

我們阻擋不了別人說閒言碎語，但是我們可以對這些閒話採取豁達和漠視的態度。這樣，我們的生活才會輕鬆自如。

南懷瑾在談到靜坐與養生時說：「一棵樹木盤根曲折在泥土之下，得到日光、空氣和水以及土壤的營養，才能生長茂盛。人呢？卻和植物顛倒相反，他的根在頭部，他的土壤就是虛空。人體的四足，好像人參的枝叉，所以把兩足盤起來，等於把一株人參或松枝捲曲成結，使他的生發能力不致再向外而分散，反歸根本而培養它的本源，因此使其本身更加健壯。所以，盤足曲膝不但無妨人體的健康，而且從適當的練習開始，對健康長壽，是絕對有利無害的。」

南先生認爲，同樣的學佛打坐，但人們看到的佛都不一樣，有的佛鼻子高一點，有的佛鼻子塌一點，總會有點不同。這些都是個人心境業力不同的緣故。成佛的道路沒有一個固定的方向，也沒有一個固定的心所作用。

南懷瑾還說：「如果我們上座後，都想把妄念空掉，多笨，如果妄念空得掉就不叫妄念了。因爲它本來空，是假的，既然是假的，還理它幹什麼！爲什麼在那裏空妄念？縱然您把妄念空了，那個空的境界，也是一個大妄念。況且您那個空的境界，如果不做功夫、不打坐，也就沒有了，又變走了，可見空也是妄念。」

4 順境不沉迷，逆境能忍受

南懷瑾在講《金剛經》時說：「『現逆順境，猶如虛空。』善知識往往故意示現順境、逆境來磨煉你、考驗你。在順境時，看你是否沉迷；在逆境時，看你能否忍受。在逆境時，是否能夠維持平常心，不怨天、不尤人；在順境時，也是一樣，是否能夠維持平常心，而不得意忘形。」

佛家認為，人生本就有苦有甜，有順境也有逆境，不必癡迷於現下的財、名、情、物，用平常心對待喜愛的事物，得之我幸，失之我命，不失為一種快樂。

南懷瑾在講到佛經中的「逆順境界」時說：「順境界者，慈悲教化，就像許多佛公公、佛婆婆們，碰到人就阿彌陀佛，一臉佛像，滿口佛話，這是順的教化；逆境界者，逆的教化，比如橫眉豎目做強盜的，就像今天報紙刊登有八個搶銀行的，臨刑前懺悔，叫年輕人不要幹這種事，這也是一種以身說法，反面的教材。」

釋迦牟尼成佛之後，他的兄弟們也一個個都跟他出了家，只有難陀還留在家中。他們的父王打算把王位交給難陀，但他總是擔心釋迦牟尼佛會將難陀也帶去出家。

難陀的妻子也同樣非常擔心，因此，她對難陀管得非常嚴。難陀每次出門之前，妻子都會先在難陀的額頭上點上口紅，並且規定讓他在口紅沒有乾以前要回來，否則就要受到處罰。

難陀的妻子長得非常漂亮，難陀也非常喜歡她，因此很聽她的話。後來因為時機成熟了，釋迦牟尼佛就托缽來到王宮化緣。難陀要出去，他的妻子對此非常緊張，唯恐自己的丈夫會一去不回，因此不願意讓他出去。

兩人爭執了許久，最後妻子終於妥協，仍舊用口紅在難陀額上一點，讓他把飯送出去後就馬上回來。

結果，難陀還是跟著釋迦牟尼佛出家了。但是他出家後還是惦念家中的妻子，無心修道，整日六神不安。

有一天，釋迦牟尼佛問難陀去過天堂沒有？難陀當然沒有去過。佛就讓難陀抓住他的衣角，升到欲界天。

難陀看到天上美女如雲，而且個個都比自己的妻子漂亮，他高興極了，就在眾多美豔動人的仙女美色中穿來走去。過了一會兒，難陀覺得奇怪，怎麼這裏沒有一個男人呢？

仙女回答他說：「這裏的男性只有一位，他就是我們的老闆，現在正在人間修行。他名叫難陀，生在印度，是佛的弟弟，我們都在這裏等他修行果報成功以後，上升做天主。」

難陀聽後，就趕緊回頭找哥哥，要求他立刻帶自己下去修行。回去以後，難陀想著天上的仙女，就拼命用功修行，念佛也不怕心亂了，盤腿也不怕腿痛了。

過了幾天，佛又帶難陀去地獄裏參觀。難陀看到有兩個惡鬼手拿叉子，在火燒得猛烈的大油鍋旁等著。難陀又害怕又好奇地上前去詢問他們在等著什麼。

惡鬼說：「我們在等一個犯了淫惡之罪的人，此人現在正在跟著佛修行，然而，他是為了貪圖情愛之欲才修行的，修行的動機不純，等他享完天福以後，便要到地獄來受此刑罰。」

難陀一聽，嚇了一跳，從此開始心無雜念地修行。

南懷瑾先生曾說：「『不如意事常八九，可與人言無二三。』人生如意的事太少了，大部分都是拂逆其心，而且碰到不如意的事，往往還不能隨便跟別人講。」

痛苦與快樂和人一生相伴，所以，只要以一顆平常心去看待任何事物，學會恆久忍耐，才能不被「外界誘惑」牽著鼻子走。

5 去除傲慢心

南懷瑾在解釋「貪、嗔、癡、慢、疑」中的「慢」字時說：「『慢』叫作我慢，就是自我的崇拜、自我的崇高。我們大家檢查一下，人最佩服的就是自己，每個人都佩服自己。至於阿Q精神，沒有辦法跟人家打，不要緊，自認還是老子。所以，人最崇拜的就是自己，這個叫『慢』。」

唐朝時期有一位德山大師，俗姓周，他通達諸經、精研律藏，最得意的就是自己講《金剛般若波羅蜜經》。為此，人們還敬稱他為「周金剛」。

那個時候，南方盛行禪宗。對此，德山大師不以為然地說：「出家的僧人們，歷經千萬劫來學佛的威儀和細行，都不一定能學成佛道，而那些所謂的禪宗，竟敢說什麼『直指人心，見性成佛』。為了報答佛恩，我一定要滅掉這些佛教的敗類。」

於是，德山大師就挑著自己寫的《青龍疏鈔》，要到湖南的澧陽去。

有一天，他正在路上走著，突然覺得饑腸轆轆，正巧前面有位老婆婆正在賣燒餅，德山大師就想去買個餅充饑。

當德山禪師走到跟前的時候，老婆婆見他挑著一大擔東西，就好奇地問：

「大師挑了這麼大的擔子，裏面都裝了些什麼東西啊？」

德山大師回答說：「是《青龍疏鈔》。」

「《青龍疏鈔》是什麼？」老太太不解地問。

「是我為《金剛般若波羅蜜經》作的注解。」德山大師自豪地回答道。

老太太又道：「如此說來，大師對《金剛般若波羅蜜經》很有研究吧？」

「可以這麼說！」德山大師不禁露出了得意的神情。

老太太見狀，就說道：「既然這樣，我這裏剛好有一個問題要請教大師，如果您能夠答出來，我就供養您點心；如果您答不出來，就請您趕快離開此地。如何？」

德山大師心想：我最擅長的就是講解《金剛般若波羅蜜經》，一個老太太怎麼可能難得倒我？於是毫不在意地說：「您有什麼問題就儘管提吧！」

老婆婆就說：「在《金剛般若波羅蜜經》中有句話：『過去心不可得，現在心不可得，未來心不可得。』敢問大師，您要的是哪一個心？」

經老婆婆這一問，德山大師呆立半晌，竟一句話也說不出來。他只好挑起那一大擔的《青龍疏鈔》，悵然離去。

受到此次的教訓後，德山大師再也不敢輕視禪門中修行之人。後來，他誠心參謁龍潭祖師，不驕不躁，最終大徹大悟。

南懷瑾先生說：「每個人都有傲慢好勝的心理，都想比人家好，都想教訓別人、指導別人，這是人的毛病。這是什麼心理？在佛學上是屬於貪、嗔、癡、慢、疑中『慢』的作用，也就是貢高我慢，由我見而來。如果有人以盲指盲、自認高明，那這種『邪師過謬』是很嚴重的！尤其是在佛法上自認爲是老師，自認爲有所得而教人家，那是會出差錯的。」

南懷瑾先生讓我們注意「清淨妙行」這四個字。他說：

「我們普通人做好事並不清淨，無論如何都有夾帶的心理，幫助了別人，心裏總有一點得意、自喜，雖說不希望回報，但是，心裏還是覺得自己幫助了他。在菩薩道來說，這已經犯了戒，免不了貢高我慢，不是清淨妙行。以菩薩道來看普通人行善，那是在造業。造什麼業？造他生來世福報之業，這福報之業也讓你不得解脫，也很可怕。」

妙高禪師是浙江奉化雪竇寺的開山祖師，他在修行的時候非常用功，常常廢寢忘食。然而人的體力是有限的，也正是因為這樣，妙高禪師在打坐的時候時常打瞌睡。

為了警惕自己別再瞌睡，妙高禪師就到臨山崖的一邊去打坐。這樣，如果他再瞌睡的話，就會一頭栽下去，甚至失去性命。

有一天，妙高禪師實在忍不住，又打起了瞌睡，結果真的摔下了懸崖。妙高禪師以為自己這一次一定沒命了，可是沒想到當他落到半山腰的時候，忽然感覺有人托起他的身體，把他往崖上面送。

妙高禪師驚訝地問：「是誰救我？」

「護法韋馱！」那人在空中回答。

妙高禪師心裏就想：沒想到我在這裏修行，還有人為我護法，真不錯！於是，他趾高氣揚地問：「世間還有幾人像我這樣精進修行的人呢？」

韋馱答道：「有恆河之沙數那樣多的人像你這樣修行。因你有這一念傲慢之心，從現在起，我將二十世不再護你的法！」

妙高禪師一聽，頓時慚愧萬分。他察覺自己貢高的心尚未根除，為此他痛哭流涕，但是很快他就想開了：「我還是在這裏修行我的，也不管他護不護法了。要是修不成，一頭栽下去摔死也算是一種解脫。」

此後，妙高禪師依然坐在懸崖邊上修行。沒過多久，他又開始打瞌睡，並一頭栽了下去。妙高禪師認為這次自己真的沒命了，然而就在他快落地的時候，又有人托著他把他送了上去。

妙高禪師不解地問：「是誰救我？」

「護法韋馱！」

「你怎麼又來了？不是說二十世不來護我的法？」

韋馱回答說：「因為你那一念慚愧心起，消去了二十世的傲慢心。」

南懷瑾先生還教育學生們說：「講到拜佛，很多人見到我，就跪下來磕頭。我一輩子最怕這一套了，無論男女老幼或是在家、出家向我磕頭，我一定馬上先跪下來。假如人家向你磕頭，自認爲是善知識予以接受，完了！有這一點傲慢心就完了！所以，我叫你們趕快回拜人家，並且要非常真心誠敬。拜佛也是一樣，一合掌，對佛萬分恭敬，此時你的心謙恭安詳，得利的是你自己。」

第七課

放下得自在

放得下難，難得放下

南懷瑾先生說：「人爲什麼有煩惱？爲什麼有痛苦？因爲自己妄執。所以，中國禪宗說到所有的佛法，只有一句話：『放下。』但是，人就那麼可憐，偏偏放不下。聽了禪宗的放下，天天坐在那裏，放下！放下！如此又多了一個妄執——『放下』。」

有一位篤信佛教的人在懸崖邊不慎摔落，在慌亂中抓住了一棵長在懸崖上的小樹，驚魂未定的他急忙念經誦佛，祈求諸天神佛的保佑。

金光一閃，佛陀出現了，看著這個人，對他說道：「放手吧，我來救你。」

他低頭看了看腳下的萬丈懸空，怎麼也不肯放手。

佛陀又問了他一遍：「你不放手，我怎麼救你？」

那個人猶豫了片刻，還是搖搖頭不肯放手。

佛陀看著他，嘆道：「你不放手，那麼誰也救不了你。」

南懷瑾先生說：「一般人都求效果，不求放下。『唉呀！我學了佛以後，生意越做越失敗，事情越來越不順利。』請問我們學佛是學什麼？難道就爲了錢越賺越多嗎……學佛首先要切斷世俗的計較心、功利心，先將求功德、求平安之心放下，才可以學佛。」

有一位商人奮鬥了一輩子，為了頤養天年，他在退休前，為自己在鄉下買了一棟別墅。在距離他退休還有一個星期的時候，他的一筆大生意因為某些原因而泡湯了。心煩意亂的他為了尋求清淨，來到了鄉下的別墅。

就在他躺在床上翻來覆去睡不著的時候，聽到外面有人在唱山歌，雖然嗓音並不完美，但從歌聲中能聽出歌者愉快的心情。商人覺得很奇怪，都這麼晚了，誰會這麼有興愛唱山歌呢？在好奇心的驅使下，商人走出了房門，看到了住在馬棚裏正在唱歌的流浪漢。

「有什麼特別值得高興的事情發生嗎？」商人上前問道。

流浪漢搖了搖頭，回答說：「我只是今天在討飯的時候討到了一個白麵饅頭。你不知道，我已經有半年多沒有吃上如此雪白的饅頭了，真香啊！為了這，我也要唱首歌慶祝一下。」

商人心想：流浪漢什麼都沒有，他那樣貧窮，卻能愉快地唱歌，而我這麼富有了，卻沒有他那樣快樂。商人思來想去，終於想明白了一個道理：只怪自己欲念太重，才生生剝離了幸福。

第二天，商人趕到公司，向大家宣布了自己退休的消息，並將自己絕大多數的財產捐給了慈善機構。回到鄉下別墅時，還給了那個流浪漢一些錢，以表謝意。

對於商人來說，這點小錢並不算什麼，但是對於流浪漢來說，他從來都沒想過自己會一下子有這麼多錢，他高興地把錢揣回了住處。

商人退休後，就過起了簡單的生活，沒事的時候就去旅遊、唱歌，放下了生意上的擔子，商人的生活變得十分愜意。而那位流浪漢呢？他揣著錢回去後，每天都擔心這些錢會被偷、被搶，他再也沒有睡過安穩覺，也再體會不到之前的幸福了。

佛家認爲，人來到這個世界上就是爲了解脫自己，應該是來快樂地過日子的。但是，我們常常因爲欲念的驅使而整日奔波，總是想方設法去拼命佔有。於是我們愁眉不展、憂心忡忡，不僅吃不下、睡不香，更把自己與幸福遠遠地隔離開來。

有一個青年人，常常感到煩惱很多，於是翻山越嶺去請教在山裏隱居的智者。

青年人問智者：「智者，請您告訴我，為什麼我會有這麼多的煩惱？」

智者看了他一眼，回答：「煩惱都是自找的。你是活的，煩惱卻是死的，煩惱是不會主動找上你的。」

青年人又問：「那麼，我要怎樣做才能擺脫這些煩惱呢？」

智者笑答：「既然煩惱不會主動找你，你把它放下了，自然就沒有了。」

青年人聽後，恍然大悟，從此學會了該放下就放下，煩心事越來越少，而快樂也一天比一天多起來。

南先生在講解《金剛經》時曾說：「古人有一句話：牡丹雖好，還須綠葉扶持。學佛修道，打坐念佛，一念萬緣放下，蠻好！但是，如果你不修一切善行的話，沒有這個福報，你想放下也放不了！有許多朋友說，現在退休了，年紀大了，我準備明天開始修行。結果，明天家裏又有事了，或者自己又感冒了。嘿！你不要認爲放下容易，放下、清淨，要大福德、大福報的啊！」

2 上岸何須回頭

南懷瑾先生說：「有些禪師說：放下屠刀，立地成佛。就有同學問我，我說不錯啊！可是不是你啊！你們連刀子都不敢拿，拿起來怕割破了手。拿屠刀的人是玩真的，真有殺人的本事，大魔王的本事，是一個大壞蛋。但他一念向善，放下屠刀，當然立地成佛！你們手裏連刀子都沒有，放下個什麼啊！」

龍湖普聞禪師原是唐朝僖宗太子，後來出家到石霜慶諸禪師那裏學習佛法。有一次，他問石霜慶諸禪師：「師父，怎樣才能夠悟道，您能告訴我一個簡單的方法嗎？」

石霜禪師回答說：「好啊！」

普聞禪師就立即跪了下來，準備聆聽教誨。

石霜禪師用手指著寺廟前面的山說：「等前面那座山點頭了，我再告訴你。」

普聞禪師聽了這一句話，當時就開悟了。

南懷瑾先生在講這個故事時說：「『才說點頭頭已點，案山自有點頭時。』說一聲回頭是岸，不必回頭，岸就在這裏，等你回頭已經不是岸了。」

《金剛經》中說：「以是義故，如來常說，汝等比丘，知我說法，如筏喻者，法尙應捨，何況非法。」南懷瑾先生對此的解釋是：「由這個平常教你們的道理，你們這些出家跟我的一千二百人，我的說法像過河的船一樣。筏就是木頭捆起來過河用的木排，你既然過了河，就上岸嘛！過了河還把船背起來走嗎？沒有這樣笨的人。一切真正的佛法到了最後，就像過了河的船，都要丟掉。何況一切不是法呢！」

有一位家境富裕的施主，他很有才華，年輕有為，是很多人羨慕的對象。可是他的朋友很少，平時連個說知心話的人都沒有。為此，他整天鬱鬱寡歡。於是，他就去請教當地有名的禪師無德禪師，如何才贏得別人的歡心。

無德禪師回答說：「用些禪心，聽些禪音，講些禪話，做些禪事。」

「禪心是什麼呢？」施主問道。

「禪心就是包容一切的心，聖凡一致的心，你我如一的心。」無德禪師道。

「禪音怎麼聽呢？」施主又問。

無德禪師答：「禪音就是化一切音聲為微妙的音聲——把譭謗音、哭聲鬧聲、粗聲醜聲轉為稱讚的音聲，把辱罵的音聲轉為慈悲的音聲，這就是禪音了。」

「那禪話怎麼講呢？」

「說謙虛的話，說真實的話，說利人的話，說歡喜的話，這就是禪話。」

「禪事又怎麼做呢？」

「服務他人的事、佈施的事、慈善的事、合乎佛法的事就是禪事。」

聽完無德禪師的話，這位施主一改從前的傲氣，對人謙恭有禮，對家人、親友和下人們也開始關懷體恤，很快就贏得了大家的喜愛。

南懷瑾在講佛時說：「佛說法等於一個大教育家的教育方法，不是呆板的方法。所謂因材施教，有時候罵人是教育，有時候獎勵人也是教育；恭維你是教育，給你難堪也是教育。反正教育法的道理，是刺激你一下，使你自己的智慧之門打開就對了，所以說無有定法。據我所想，開悟，大徹大悟，沒有一個定法叫阿耨多羅三藐三菩提。如果說有一個一定的方法成佛，有個『悟』字的話，那佛法就是在騙人了。」

有一個人去世後，他的靈魂來到了一個地方。閻王在他走進門之後對他說：「你喜歡睡嗎？你喜歡吃嗎？你討厭工作嗎？你喜歡玩嗎？這裏睡多久也沒有人打擾，有的是東西任你吃，這裏保證沒有事可做，有各種娛樂由你選擇，沒有人管你。」

聽閻王這麼一說，這個人就非常高興地留了下來。於是，他就在吃、喝、玩、睡中度過了三個月。他開始不斷發胖，對什麼都提不起興趣，頭腦也變得遲鈍起來。他逐漸覺得這種生活並不是很好，於是就去請求閻王給他一份工作。

「很抱歉！這裏沒有工作。」閻王這樣答覆他。

就這樣，這個人又在渾渾噩噩中過了三個月。他覺得自己實在是無法忍受了，就又去找閻王，向閻王表達自己的不滿，並說：「如果再不能工作的話，我寧願去下地獄！」

「你以為這裏是天堂嗎？」閻王說，「這個讓你漸漸腐化，沒有創造、沒有理想、沒有前途的地方本來就是地獄啊！」

南懷瑾先生在講《金剛經》時說：「認爲念佛才是佛法，你錯了；認爲參禪才是佛法，你又錯了；認爲念咒子才是佛法，你更錯了；認爲拜佛才是佛法，你更加錯了……佛法傳到中國，常說苦海無邊，回頭是岸。岸在哪裡呢？不需要回頭啊！現在就是岸，一切當下放下，岸就在這裏。」

3 萬緣放下自逍遙

南懷瑾先生在一次講課時說：「不論放不放下，大家心都不要散亂，尤其諸位，花個幾天時間，推開許多雜務，跑到這裏來，也不簡單。既來之就要安之，若還擺不下、放不下，那又何苦呢？否則外面好玩得很，倒不如乾脆去玩個夠。所以，趕快放下！萬緣放下！」

有一位婆羅門來到佛前，兩手各拿了一個花瓶前來獻佛。

佛對他說：「放下！」

婆羅門就放下了一個花瓶。

「放下！」佛陀又說。

婆羅門就把另一個花瓶也放了下來。

「放下！」佛陀還是對他說。

婆羅門不解地說：「我沒有什麼可再放下了，我現在已經兩手空空，請問現在你要我放下什麼？」

「我要你放下的是你的六根、六塵和六識，而不是叫你放下你的花瓶。當你把一切統統放下的時候，你就從生死桎梏中解脫出來了。」佛陀回答說。

南懷瑾先生在講佛時說：「成佛見道不能依賴他力，只有自己站起來，要你自己真是絕後再蘇，然後才成佛。當然，其中先要經過懸崖撒手。懸崖撒手是什麼都丟光，不但人世間的一切都丟掉，連佛法也丟掉。一個人在高空撒手跳下來，什麼都沒有，一切都丟得乾乾淨淨，然後才能見到法身。」

有一個富翁做生意賺了很多錢，他既怕有賊來偷，又怕親朋好友來借，整日為了這些錢財憂心忡忡，很不快樂。於是，他背著這些錢財，踏上了尋找快樂的旅程。

然而，富翁翻越萬水千山，依然沒有找到快樂。他感到非常沮喪，坐在路邊唉聲嘆氣。這時，一位樵夫擔著柴從山上走下來，正好在富翁旁邊停下休息。樵夫放下擔子，一邊擦汗一邊愉快地向富翁打招呼。

富翁問樵夫：「你知道快樂在哪裡嗎？我找了好久都沒有找到。」

樵夫指著自己的擔子說道：「知道啊，放下了就很快樂。」

富翁聽到這話，茅塞頓開：「原來自己不快樂是因為背負的太多。為了那些錢財，整天擔驚受怕、患得患失，怎麼會有快樂可言呢？」

從此，他不再做守財奴，錢物也不再緊抓著不放，而是開始用自己的錢財幫貧濟民，做了許多善事，而他的生意也由於他樂善好施的好名聲而更加紅火起來。人們見了富翁都稱讚他好心，他終於找到了快樂之道。

南懷瑾先生認爲，好事跟痛苦一個是手背，一個是手心，它們是一體的兩面。如果好事能夠真丟開的話，那麼痛苦也一樣可以丟開。一個人如果碰到煩惱、痛苦、逆境的時候丟不開，碰到好事也不可能丟得開。

他說：「禪宗經常用一句話，放下，就是丟掉了。做了好事馬上需要丟掉，這是菩薩道；相反的，有痛苦的事情，也要丟掉。」

在一條老街上，有一位賣鐵鍋、菜刀和剪子的老人。他的經營方式非常古老和傳統。他每天手裏拿著一個收音機，坐在門內的竹椅上，身旁放著一把紫砂壺，把貨物擺在門外。每天的收入正夠他喝茶和吃飯，老人對此很滿足。

一天，一個文物商人偶然從老街上經過。當他看到老人身旁那把古樸雅致、紫黑如墨的紫砂壺時，雙眼為之一亮，因為這把紫砂壺有清代製壺名家戴振公的風格。據說戴振公的作品現在僅存三件，一件在臺灣故宮博物院，一件在美國紐約州立博物館裏，還有一件在多年前被一位泰國的華僑以十六萬美元的價格在倫敦拍賣市場上買下。

文物商人走過去，得到老人的允許後，拿起那把壺仔細觀看，最終證實確實是戴振公的作品。商人表示想以十萬元的價格買下它。

老鐵匠先是一驚，這是一個極大的誘惑，但是這把壺是老人的爺爺留下來的，他們祖孫三代打鐵時出的汗都來自這把壺。因此，老人拒絕出售這把跟了自己近六十年的壺。

商人走後，老人第一次失眠了，沒想到在自己眼裏普普通通的一把壺，自己用了大半輩子，現在竟有人要以十萬元的價錢買下它。

在這之前，老人喝水時都是閉著眼睛把壺放在小桌上，而現在呢？他總是會不放心地多看幾眼。

當人們知道他有一把價值連城的茶壺後，來拜訪的人絡繹不絕，有好奇的，有借錢的，甚至有人半夜還來敲他的門，老人原本平靜、悠閒的生活被徹底打亂了。

沒多久，文物商人帶著二十萬元現金第二次登門。這時，老人再也坐不住了，他把大夥兒全都叫來，當眾把那把紫砂壺砸了個粉碎。

從此，老人恢復了平靜的生活，一直到一百多歲的時候，還是賣鐵鍋、菜刀和剪子，他一直覺得很快樂。

南懷瑾先生在講《金剛經》時說：「什麼叫修行？念念皆空，隨時丟，物來則應，過去不留；就算做了一件好事，做完了就沒有了，心中不存。連好事都不存在心中，壞事當然不會去做了，處處行於佈施，隨時隨地無所住。」

4 放下一切，是開始處

南懷瑾先生說：「中國禪宗後來流行一句話——放下，這個話就是佈施，一切丟開。人生最難的就是丟開，真丟開了就是真放下，放下就是內佈施。做到了內佈施，就可以成就，就可以成道。」

南懷瑾先生說：「如果問人世間什麼福最大？答案當然是成佛啦！超凡入聖。靠什麼才能達到超凡入聖呢？智慧的成就不是功德的成就，更不是迷信。要一切都放下了，你才能夠達到智慧的成就。所以佛告訴須菩提，假使能夠不住相佈施，這個人的福德不可思量。不可以思，不可以思想它；不可量，量就是量一下看，一次兩次，一丈兩丈，一鬥兩鬥……所以叫作不可思量。」

南先生在講解《金剛經》時，講述了這樣一個故事：

有一位法師雖沒有打坐、修行，但是他一輩子做功德、做好事、建寺廟、講經說法，功德很大。隨著時間的流逝，他的年紀也越來越大。這天，有兩個小鬼在閻王那裏拿了拘票，帶著刑具手銬來捉他。

法師看到他們，就說：「我們商量一下好嗎？我雖然是出家人，做了一輩子功德，但是卻沒有修持過。不如你們多給我七天時間，我要是坐修成功了，就先來度化你們兩個，然後再去度化閻王。」

那兩個小鬼被法師說動了，就答應了他的請求。

這個法師一上座就萬念放下了，三天後就做到了「無我相，無人相，無眾生相」，什麼都沒有了，只剩下一片光明。

第七天的時候，兩個小鬼來了，看見一片光明卻找不到他了。這兩個小鬼覺得自己上當了，他們說：「大和尚，你說話總要有信用，你要慈悲呀！你說要度我們兩個，現在難道要讓我們回到地府去坐牢嗎？」

法師在專心入定，並沒有聽見兩個小鬼的話。兩個小鬼就商量著對策。這時，他們看見光裏還有一絲黑影。有辦法了！原來這個和尚還有一點沒放下呀，那一點黑的，就是還沒有放下的東西。

原來，因為這位法師的功德很大，皇帝就送給了他一個金縷袈裟和紫金缽盂。法師很喜歡這個紫金缽盂，就連在打坐入定的時候，也把它端在手上。法師其他什麼都沒有了，只這一點貪念還在。

兩個小鬼看到這一情況，就變成老鼠去咬這個缽盂。卡啦卡啦的聲音一響，法師動念了，光明也消失了，法師現出身來，兩個小鬼立刻上前把手銬給他銬上。

法師以為自己沒有得道，當兩個小鬼告訴他事情的經過後，法師把紫金缽往地上一摔，說道：「好了！我跟你們一起見閻王去吧！」這下連兩個小鬼也開悟了。

南懷瑾先生用這個故事告訴我們，貪念難除。他說：「把身體外面的一切丟完空完了，再把意識方面的也丟下了，這才叫作學佛。」

第八課

做人做佛兩不誤

先學做人，再學做佛

南懷瑾先生曾說：「青年同學注意！我一聽到你們年輕人學佛，頭就大了。先學做人，能把儒家四書五經做人之理通達了，成功了，學佛一定成功。像蓋房子一樣，先把基礎打好。人都沒有做好，你要學佛，你成了佛，我成什麼？要先學做人，人成了，就是成佛。」

南懷瑾在講《圓覺經》時說：「學佛是從做人開始。人都沒有做好，我要打坐，我要修法，我要灌頂，灌了頂就可以往生西方，念個咒就可以成佛了，你看這個貪心多重啊！」

有一位孤獨的年輕人倚靠著一棵樹曬太陽。他衣衫襤褸，神情萎靡，還不時地打著哈欠。一位從這裏路過的僧人好奇地問他：「年輕人，這麼好的陽光，你不去做些更有意義的事，卻在這裏懶懶散散地曬太陽，豈不是辜負了大好時光？」

「唉！」年輕人嘆了一口氣說，「在這個世界上，我除了自己的軀體外，一無所有。我又何必去費心費力地做什麼事呢？每天曬曬太陽，就是我能做的所有事了。」

「你沒有家？」

「沒有。與其承擔家庭的負累，不如乾脆沒有。」年輕人說。

「你沒有所愛的人，也沒有朋友嗎？」

「沒有，愛過之後便是恨，與其這樣，不如乾脆不去愛；得到了友情最終也還是會失去，與其這樣，不如乾脆沒有朋友。」

「你不想去賺錢？」

「不想，千金得來還復去，何必勞心費神呢？」

「哦，」僧人若有所思，「看來我得趕快幫你找根繩子了。」

「找繩子？」年輕人好奇地問，「做什麼？」

「幫你自縊啊！」

「自縊？你是說讓我去死？」年輕人驚詫地說。

「對！人有生就有死，與其生了還會死去，不如乾脆就不出生。你的存在，本身就是多餘的，自縊而死，不是正符合你的邏輯嗎？」

凡事都抱著消極的態度，因為擔心會無所得，就不去付出努力，這就是不會做人的表現。

南懷瑾先生曾講道：「你們諸位打坐，說坐不下來，那才奇怪。兩腿盤了以後，管它氣脈通不通，未來心不可得，現在只管盤腿，不就安下來了嗎？可是大家打坐修道，貪心大得很哪！專想那個未來不可得的，硬想得到它！想自己的臉像阿彌陀佛那樣面如滿月，頭頂放光，這裏長個眼睛，三千大千世界都看得到，都是在那裏幻想！這不是自找麻煩嗎？」

南懷瑾還告訴學佛的人說：「這一段成佛的方法，沒有一個什麼法門，只教你如何學做人。自己要做成一個求法的學生，自己要成器，因爲佛法不在老師這裏，而是在你自己那裏。你如果能對一個泥巴做的菩薩起恭敬心，也一樣會成道，何況是一個活人？」

在安靜的漁村裏，生活著甲和乙兩位船長，他們每天都要出海捕魚，但是甲船長的收穫卻永遠沒有乙船長的收穫大。

一天，有人問他們倆：「你們為什麼每天都要出海呢？」甲船長愁眉苦臉、唉聲嘆氣地說：「混口飯吃唄，不打漁，哪來的飯吃？」

乙船長卻神清氣爽、滿臉笑容地回答道：「因為我喜歡大海的遼闊，能在海洋的懷抱裏盡情地馳騁，是一件多麼幸福的事情啊，我早就迷戀上大海了。」

那人接著問乙船長：「你就不擔心你的生活嗎？」

乙船長哈哈笑道：「當然會擔心了，但是在我看來，在海洋中獲得豐收中間的過程才是最重要的。當然，我們也有空手而歸的時候，但是我們的船員都很樂觀，而且那種在海洋中馳騁所能帶來的快樂，是什麼都不可能替代的。」

那人又接著問道：「你們的船都不大，當你們開著船在波濤洶湧的大海中航行的時候，你們就不害怕嗎？」

甲船長還是一張苦瓜臉，說道：「當然害怕了，但是我不出海，我的家人就沒有飯吃，我最近正在打算著要換個職業呢。」

乙船長說：「我們也知道有危險，但是我們更願意接受現實。」

不久，在一次航行中，兩位船長都遇上了海上的暴風雨。幸運的是，兩位船長和他們手下的水手都沒有受傷，但是船卻損壞得很嚴重。甲船長每天唉聲嘆氣、怨天尤人，他的那些水手也一個個無精打采的；而乙船長則是每天非常積極地度過，他帶領水手用最快的速度修好了船，沒過幾天，就能再次下海了。

明代僧蒼雪大師有首詩：「南台靜坐一爐香，終日凝然萬慮亡；不是息心除妄想，只緣無事可思量。」南懷瑾先生在引用這首詩時說：「所有眾生一動思想，一有情緒就是顛倒。世法與佛法是同樣的道理。我常常鼓勵出家的同學要懂世法，世法懂了，佛法就通了。」

2 肉眼、心眼、天眼

佛說：「肉眼、天眼、慧眼、法眼，一一殊勝，合此四眼，即是佛眼。」

南懷瑾說：「任何人都有眼睛，但是每一雙眼睛所看的都不同。就我們人來講，譬如這個牆壁，我們大家看都是白的，實際上每個人所感受的白的程度、白的形象都完全不同。因爲有人是散光，有些是近視，有些是一隻眼睛近視，一隻眼睛散光，有些色盲，各種各樣。所以，一切眾生的心不同，眼也不同。」

南懷瑾在講《金剛經》時說道：「這裏沒有講『佛』字，而講『如來』。如來這個名詞代表形而上的道體，一切眾生同於諸佛菩薩心性之體，就是生命的根源。他說這個裏頭有五種功能，所以叫五眼。第一種是肉眼，就是與我們一樣的，是父母所生的肉眼，也就是我們現在的眼睛。肉眼能看見物質世界，我們一切的感覺、知覺，都經由它而來。」

佛教中有這樣一個故事：

唐代高僧洞山良價禪師曾拜雲岩禪師為師。有一次，洞山禪師從雲岩禪師身邊經過的時候，雲岩禪師正在編織草鞋。

洞山禪師就問雲岩禪師說：「老師！我可以跟您要一樣東西嗎？」

「你說說看！」雲岩禪師回答道。

「我想要您的眼珠。」洞山不客氣地說道。

「要眼珠？」雲岩禪師很平靜地說，「那你自己的眼珠呢？」

「我沒有眼珠！」洞山回答說。

雲岩禪師聽後，微笑著說道：「如果你有眼珠，你又會如何安置呢？」

洞山無言以對。

這時，雲岩禪師嚴肅地說：「我想，你要的眼珠應該是你自己的眼珠，而不是我的眼珠吧？」

「事實上，我要的不是眼珠。」洞山禪師一改之前強硬的口氣說道。

對於洞山這種前後矛盾的說法，雲岩禪師忍不住大聲喝道：「你給我出去！」

洞山禪師對老師的反應並不感到驚訝。「我可以出去，可是我沒有眼珠，看不清前途的道路。」洞山禪師非常誠懇地說。

「這不早就給你了嗎？你怎麼還說什麼都看不到呢？」雲岩禪師用手摸一摸自己的心說道。

洞山禪師聽後頓時省悟。

南懷瑾先生說：「這個肉眼跟心是連在一的，所以很多的經典中，心與眼同論，在講到心的道理時，先提到眼。道家的《陰符經》就說：『眼者心之機。』眼是心的開關，所以古人很多地方都提到了心眼的關係。譬如，孟子講到觀察人，特別要觀察眼睛。」

佛教中有一個名詞叫「天眼」，南先生講解說：「天眼不是多長出一隻眼睛來，是肉眼的本身，起了另一種功能。得天眼通的人，也與我們普通人一樣，但他會看到多重的世界。」

道吾禪師有一次問雲岩禪師說：「我們都知道觀世音菩薩有千手千眼，那麼，哪一個眼睛才是他的正眼呢？」

雲岩：「你晚上睡覺的時候，枕頭掉到地上了，你並沒睜開眼睛，手往地下一抓，就可以把枕頭抓起來，然後重新睡覺。你告訴我，你是用什麼眼去抓的？」

「我懂了，師兄！」道吾禪師聽後高興地說。

「你懂什麼？」雲岩禪師追問。

「遍身是眼。」道吾禪師信心滿滿地回答說。

雲岩禪師笑著說：「你只懂了八成！」

「那應該怎麼說呢？」道吾疑惑地問。

「通身是眼！」

肉眼看到的只是表面的、現象的，而心眼可以觀察宇宙萬有的本體。

「現在佛問，一個成了佛的人，有沒有普通的肉眼？當然有，肉眼就是看物理世界這些現象的。」南懷瑾說：「肉眼是觀看物質世界通常的現象，天眼則能夠透視到肉眼所不能見到的世界。所以，天眼是定力所生，是定中所得的神通力量。當人的生命功能充沛到極點時，可以穿過一切物理的障礙，那就是所謂的神通。神通必須要定力夠了，所謂精、氣、神充沛了，才能做到。」

對於佛家所提到的「五眼」，南懷瑾先生說：「真正學佛依法修持而有所成就者，本身一定已經具備了這五眼。如果說，世界上有人頓悟而成佛，立地就轉而具有這五種功能的話，那麼他所證的佛法，大致就是對的；如果在理論上認爲自己悟了，而這個五眼功能沒有發起，那是自欺欺人之談。」

3 心佛眾生無差別

佛說：「如心佛亦爾，如佛眾生然，心佛及眾生，是三無差別。」

南懷瑾先生說：「所謂正信，要信什麼呢？信我們此心，心即是佛，我們都有心，所以一切眾生都是佛。只是我們找不到自己，不明自己的心，不能自己見到自己的本性，因此隔了一層，蒙住了，變成了凡夫。」

訂立了天下聞名的禪門清規《百丈清規》的懷海禪師，在日常生活中，總是帶頭參加勞動。據說，懷海禪師到了九十四歲高齡時，仍然堅持與弟子們一起勞動。

有一次，弟子們實在不忍心看到懷海禪師這麼大年紀了還要勞作，就把他的農具悄悄地藏了起來。然而，懷海禪師卻說：「我自己沒有什麼大的德行，怎麼敢讓別人養著我呢？」

他還告誡弟子們要「一日不作，一日不食。」懷海禪師以身作則，他當天沒有參加勞動，也堅決不肯進食。

有一位侍者為慧忠國師服務了三十年。三十年來，侍者對慧忠國師忠心耿耿，一直任勞任怨。慧忠國師感念他的恩德，就想要助他開悟，以此來報答他。

這天，慧忠國師像往常一樣叫道：「侍者！」

侍者聽到後立即回答：「國師，請問有什麼事需要我做嗎？」

聽到侍者的回答，國師有些失望，就說：「沒什麼事。」

沒過多久，慧忠國師又喊道：「侍者！」

侍者回答：「國師！找我有什麼事嗎？」

國師聽到他這樣的回答感到無可奈何，說道：「沒事！」

片刻之後，慧忠國師又喊：「侍者！」

侍者的回答仍和之前一樣。

國師也是仍然回答他說：「沒事！」

如此問了好幾次，國師突然改口喊道：「佛祖！佛祖！」

侍者看了看四周，迷惑不解地問慧忠國師：「國師！你在叫誰呢？」

看侍者不明白自己的意思，國師只好解釋說：「我叫的是你呀！」

侍者仍然不明所以，疑惑地說：「國師，您糊塗了嗎？我是您的侍者，不是什麼佛祖呀！」

慧忠國師無奈地說道：「不是我想要辜負你，實在是你太辜負我了呀！」

侍者更糊塗了，爭辯道：「國師！我永遠都不會辜負你，不管到什麼時候，我永遠是你最忠實的侍者！」

慧忠國師痛心地說：「事實上，你已經辜負了我的苦心。佛祖與眾生其實沒什麼區別，而你不承認自己是佛祖，只承認自己是侍者。這實在是太遺憾了！」

南懷瑾先生說：「凡夫跟佛很近，一張紙都不隔的，只要自己的心性見到了、清楚了，此心就無比的清淨。佛的一切經典，戒、定、慧，一切修法，不管是顯教的止觀、參禪、念佛或是密宗的觀想、念咒子各種修法，都是使你最後達到清淨心。清淨有程度的不同，所以有菩薩階級地位的不同，修學程度深淺的不同，也就是瞭解自心的差別程度不同。」

黃山谷是宋朝與蘇東坡齊名的一位詩人。黃山谷在年輕的時候，曾跟隨晦堂禪師學禪。黃山谷對佛法略有所悟以後，就覺得自己非常的了不起，因為他官大、字好、詩好、學問好，既懂道又懂佛，他認為除了師父以外，沒人能夠比得上他，因此漸漸變得傲慢起來。

後來晦堂禪師涅槃了，就交代比黃山谷年輕的悟新禪師說：「你的那位居士師兄黃山谷，並沒有大徹大悟，只悟了一半。現在我要走了，你要想辦法好好教他。」

悟新禪師雖然年輕，卻比黃山谷境界高，是大徹大悟了的。他馬上通知黃山谷前來，告訴他師父涅槃了，要燒化。

黃山谷趕來的時候，晦堂禪師的得法弟子們正拿著一個火把準備燒化。看到黃山谷來了，悟新禪師拿著火把對他說：「我問你，我馬上就要點火了，我這火一下去，師父的肉身就要燒化了，你跟師父兩個在哪裡相見？你說！」

黃山谷愣住了，他不知道該如何回答。這是一個很嚴重的問題，師父化掉了，自己將來終究也是要死的，兩個人究竟會在哪裡相見呢？黃山谷答不上來，他黑著一張臉，悶聲不響地就回去了。

沒過多久，由於朝堂上的鬥爭，黃山谷被貶到了貴州的小地方做小官員。一下子從那麼高的位置上摔下來，一般人都會覺得難以忍受。黃山谷對此卻並沒有十分在意，他正好可以趁此機會修道。

在去往貴州的路上，有兩個差人押著黃山谷去報到。差人不知道他會不會哪天又被調回來做高官，因此也沒敢為難他，黃山谷就經常在休息的時候打坐參禪。

有一天中午，天氣十分炎熱，黃山谷就跟兩位差人商量要午睡休息一下。他躺下去的時候，一不小心，木頭做的枕頭就掉在了地上，發出的聲響把黃山谷嚇了一跳。

這下子，黃山谷真正開悟了。他也不睡覺了，立刻起身寫信給悟新禪師，說：「在平常，天下人沒有人不恭維我的文章、我的道，只有你這個和尚不贊同我。現在想來，我對你真是感激不盡啊！」

南懷瑾先生說：「其實，我們現在看馬路上，車如流水馬如龍，那個就是般若，你看到了、瞭解了，當下悟道，也就是青青翠竹，悉是法身，到處都是這個不生不死的法身……他說在看花中就能悟道了，在風景中也能悟道，能成佛，這些就是禪宗的公案。」

4 別讓「貪」字害了你

佛說：放棄貪念吧，否則會萬劫不復。南懷瑾先生說：「什麼是貪？貪名、貪利、貪感情、放不下，貪這個世界上的一切，都是屬於貪。」

從前有對兄弟，他們的父母早早去世了，只留下他們倆相依為命。他們家境十分貧寒，終日靠打柴維持生活。即便生活艱辛，兄弟倆也從來沒有抱怨過，他們起早貪黑，一天到晚忙得不亦樂乎。兄弟友愛、情深意長，生活雖然艱苦，但日子過得還算舒心。

有位神仙得知了他們二人的情況，為他們認真生活的態度所感動，決心幫他們一把。夜半時分，神仙來到了兄弟倆的夢中，對他們說：

「遠方有一座烈焰山，山上撒滿了金光燦燦的金子，你們可以前去拾取。不過路途非常艱險，你們要小心。特別提醒你們一點，烈焰山溫度很高，你們一定要在太陽出來之前下山，否則就會被燒死在上面。」說完，神仙就不見了。

兄弟二人從睡夢中醒來後，非常興奮，他們覺得一定是法力無邊的神仙進入了他們夢中，為他們指點財路。商量之後，他們便背著行囊起程去了烈焰山。

一路上，他們遇到了各種艱險。兄弟倆咬緊牙關，團結一致，最終戰勝了困難，穿越了險境，來到了烈焰山。

兄弟倆一看，漫山遍野都是金光燦燦的黃金。弟弟一臉的興奮，望著這些黃金不住地笑，而哥哥的反應卻很平淡。

哥哥彎下腰撿了幾塊黃金，裝在了口袋裏，看看泛白的天色，準備叫弟弟下山。可是弟弟卻翻出一個大麻袋，起勁兒地往裏裝金塊。哥哥勸弟弟適可而止，但弟弟不聽，說他再裝一些就好，讓哥哥先下山。

哥哥見勸阻無效，就連聲囑咐弟弟早些下山，說完，自己就先下山了。弟弟撿了一塊又一塊，就是不肯罷手。不一會兒，整個袋子都裝滿了，直到太陽快出來了，他仍在不停地撿。

太陽出來後，山上的溫度漸漸地升高，弟弟這才慌了神，急忙背著黃金往回跑。無奈金子太重，壓得他步履蹣跚，根本就跑不快。太陽越升越高，他終於倒了下去，被烤死在了烈焰山上。

哥哥回家後，用撿到的幾塊金子當本錢，做起了生意，後來成了遠近聞名的大富翁。可弟弟卻永遠留在了烈焰山。

欲望的盡頭不是滿足，而是一種無止境的自我放逐，一個欲望滿足了，還會有更多更大的欲望。南懷瑾先生在講《圓覺經》時說：

「『永捨貪欲』是成佛的初步，乃是有限度的永捨貪欲，譬如，有人要受出家戒，和尚問你：『盡形壽能守持否？』只問你形體壽命還存在的這一生，能不能守這個戒，這是屬於聲聞戒，又叫別解脫戒。」

從前，有兩名很虔誠的教徒，他們的關係非常要好。有一天，兩人決定一起到遙遠的聖山朝聖。他們背上行囊，風塵僕僕地上路，誓言不達聖山朝拜，絕不返家。

兩名教徒走了兩個多星期之後，遇見了一位白髮年長的聖者。這位聖者見他們千里迢迢要前往聖山朝聖，十分感動，就對他們說：「從這裏距離聖山還有十天的腳程，但是很遺憾，我在這十字路口就要和你們分手了。而在分手前，我要送給你們一份禮物！你們當中一個人先許願，他的願望一定會馬上實現；而第二個人，就可以得到那願望的兩倍！」

此時，其中一個教徒心裏想：「這太棒了，我已經知道我想要許什麼願，但我不要先講，因為如果我先許願，那我就吃虧了，不行！」

而另外一個教徒也自忖：「我怎麼可以先講，讓我的朋友獲得加倍的禮物呢？」於是，兩位教徒就開始客氣起來：「你先講嘛！」「你比較年長，你先許願吧！」「不，應該你先許願！」兩位教徒彼此推來推去，「客套」地推辭了一番後，兩人就開始不耐煩起來，氣氛也變了，「你幹嘛！你先講啊！」「為什麼我先講？我才不要呢！」

兩人推到最後，其中一人生氣了，大聲說道：「喂，你真是個不識相、不知好歹的人，你再不許願，我就把你的腿打斷，把你掐死！」

另外一人一聽，沒有想到他的朋友居然變臉，還恐嚇自己！於是想：既然你這麼無情無義，我也不必對你太心軟！我沒辦法得到的東西，你也休想得到！於是，這一教徒乾脆把心一橫，狠心地說道：「好，我先許願！我希望我的一隻眼睛瞎掉！」

很快，這位教徒的一隻眼睛馬上就瞎掉了，而與他同行的好朋友也立刻雙眼全瞎！

過多的欲求，會迷失自我。我們參禪，就是觀照自己的內心是不是清淨快樂。要得到快樂，就要懂得「知足常足，知止常止」的道理。

5 擺脫「嗔」的困擾

佛說：「諸惡業多是由嗔心起。」《增一阿含經》中有云：「諸佛涅槃，汝竟不遭遇，皆由嗔恚火。」

南懷瑾說：「嗔心嗔念，大家都以爲自己沒有。脾氣大，當然是嗔念，恨人、殺人、怨天尤人，都是嗔，是非分明也是嗔。或者你說什麼都不會生氣，就是愛乾淨，看到不乾淨就受不了，這也是嗔，一念的嗔就是厭惡。你念佛啊，打坐啊，你念得再好，如果這個思惑、這個心理行爲一點沒有轉變，免談學佛。這才是真正的佛法！不管你是念佛的、參禪的、密宗的，隨便你什麼宗，你說天宗都沒有用，必須要斷這個思惑。」

古時候，有個名叫霍剛的壯士，他身高八尺，力大無比。一天，他準備到山的另一邊去。在穿過一個狹窄的山道時，腳突然被絆了一下，險些被絆倒。

他穩住身子一瞧，原來腳下躺著一個灰色的皮袋。他氣得猛踢一腳，那個皮袋非但紋絲不動，反而像充了氣一樣鼓了起來。

霍剛看著很著惱，抬起鐵塊般的拳頭朝皮袋狠狠地一擊，想把皮袋打破，但皮袋不但不動不破，反而脹得越來越大了。

霍剛以為這個皮袋在跟自己作對，頓時暴跳如雷，從旁邊的樹上劈下一根樹枝，朝皮袋猛敲個不停。但皮袋依舊越脹越大，最後將整個山道都堵死了，一點空隙都沒有，這讓霍剛根本無法過山。

霍剛氣急敗壞卻又無可奈何，累得渾身是汗，只得躺在地上，氣喘吁吁。

這時，一位白鬍子老頭走來，見到霍剛頹敗地躺在地上，就上前詢問究竟發生了何事。霍剛懊惱地對他說明原委，恨聲說：「這個東西真可惡，存心跟我過不去，把我的路都給堵死了。」

老頭淡淡一笑，平靜地說：「朋友，它其實是個『怒氣袋』，專門收集怒氣。當你被它絆到時，如果你不用拳頭、木棒擊打它，而是乾脆不理它、繞開它，容忍它對你的糾纏、為難，它就不會跟你過不去，也不至於把你過山的路給堵死啊！」

南懷瑾講《圓覺經》時說：「你說我打坐的時候很清淨，這些心理都沒有，不算本事！你到外面做事，與人接觸一下看，《圓覺經》裏說要『對境不生』，碰到人家欺負你、侮辱你、取笑你，這個時候看你心動不動？」

南懷瑾先生告誡我們，真正的修行，是要在人性中最壞的一面，也就是貪、嗔、慢、諂曲、嫉妒的心理上下功夫。只有把這些心理都拿掉，內心才能得到真正的平靜。

漢代有一個叫名叫公孫弘的人，他年輕的時候家裏十分貧窮，後來入朝當了丞相，生活依然十分節儉，吃飯最多只有一個葷菜，睡覺也只蓋普通的舊棉被。

有一天，同朝為官的大臣汲黯向漢武帝參了公孫弘一本，批評他身為丞相，位列三公，有相當可觀的俸祿，卻還是只蓋普通的舊棉被，實質上是沽名釣譽，騙取儉樸清廉的美名。

漢武帝就問公孫弘：「汲黯所說的都是事實嗎？」

公孫弘回答道：「汲黯說得一點也沒錯。在滿朝大臣中，他與我交情最好，也最瞭解我。今天，他當著眾人的面指責我，正是切中了我的要害。我位列三公而只蓋舊棉被，生活水準和普通百姓一樣，確實是故意裝得清廉以沽名釣譽。如果不是汲黯忠心耿耿，陛下怎麼會聽到對我的這種批評呢？」

漢武帝聽了公孫弘的這一番話，覺得他心懷坦蕩，沒有沽名釣譽之嫌。他對指責自己的人大加讚賞，可見他確實有大度量。漢武帝十分欣賞公孫弘的退讓智慧，不但沒有治他的罪，反而更加尊重他了。

古時有一位高僧，非常喜歡蘭花的高潔美麗。他在寺院裏種了很多盆蘭花，經過細心的打理，這些蘭花長得鬱鬱蔥蔥、芬芳馥郁。高僧經常外出雲遊，他外出的時候，會吩咐弟子好好照料他的蘭花。然而有一次，高僧出遊後，弟子因為一時疏忽，在一個暴風雨的夜晚忘記將蘭花搬進屋裏，美麗嬌弱的蘭花全部被澆壞了。

弟子們為此寢食不安，不知道師父回來以後將如何懲罰他們。可是，高僧回來之後，一直未曾提及此事。

後來，有一名弟子忍耐不住，大著膽子問他：「師父，您那麼喜歡蘭花，為什麼不責罰我們呢？」

高僧的回答很簡單：「我種蘭花是為了觀賞和獻佛，並不是為了生氣。」

佛家認爲，氣由心生。如果無欲無求、了無牽掛，則氣無處生。人不是爲了生氣而活著，只有心平氣和，才不會愚蠢到去拿別人的錯誤來懲罰自己。

南懷瑾先生說：「佛在前面說過，必須把貪、嗔、癡、慢、疑拿光了以後，才可以修行，才可以學禪。但是，真正學禪還有許多岔路。所以，普覺菩薩請求佛說禪病有哪些？也就是所謂的『走火入魔』。希望後世的修行人不會走入岔路，此心此意空蕩蕩，了無掛礙，得到真正的平安。」

第九課
在福報好的時候慢慢用

1「財」、「名」是幸福障礙

釋迦摩尼佛說：「人生在世，多一物多一心，少一物少一念，不要爲外物所拘，心安理得處，就可明心見性，參悟佛法。」

南懷瑾先生在講佛經時曾說：「人生最捨不得兩樣東西，第一是財，第二是命。當有命的時候，錢財是最捨不得的！所以，有命活著的人，肯佈施錢財就很了不起了。若是掉到河裏馬上要死的時候，你只要救我上來，什麼都可以給你！那個時候，命比錢財要重要。」

古時候，有位腰纏萬貫的財主，家有良田萬頃，身邊奴僕成群。可即便是這樣，財主卻覺得自己活得並不快樂，反而大多數時候都覺得很累。今天為自家的公子哥不好好讀書發愁，明天為大太太和三姨太爭風吃醋而擔憂，後天又為採用什麼方法去對付那些交不起地租的老百姓而絞盡腦汁……他經常詢問自己：為什麼我有這麼多財富，卻活得這麼不幸福呢？還不如隔壁靠賣豆腐為生的王福一家子生活得快樂呢！

王福一家三口，靠著祖上留下來的大宅子，才能和財主家做上鄰居。現如今祖上破了產，他們只得每天一大早就起來做豆腐，天一亮就去街上賣，一天不賣豆腐，第二天就沒吃沒喝。但他的院子卻時常傳出歡聲笑語，一家三口感情非常好，邊幹活邊說笑，其樂融融，笑聲不斷。

這樣截然不同的兩種境況，是財主無論如何也想不通的。於是，他找來一位智者，為自己指點迷津。

智者說：「你照我說的去辦，三個月後，你就明白這是為什麼了。」

原來，智者是要財主在晚上將一塊金錠子扔到王福家的院子裏，財主照做了。

第二天一大早，王福起來做豆腐的時候，發現院子裏有一大塊黃澄澄的金子，大吃一驚，馬上偷偷地藏了起來，裝作若無其事地幹活。幾天後，王福兩口子看見沒人來找黃金，才踏實下來，偷偷地把黃金兌換成散碎銀子，分處藏起來。

細心的財主發現，王福一家子慢慢發生了變化：有了錢後，兩口子也開始享受起來，再也不起早貪黑地做豆腐了，有時，兩口子還為吃什麼飯而吵架，他的院子裏也經常傳來孩子的哭聲。這下子，財主徹底明白了：原來我活得這麼累都是錢給鬧的，擁有了金錢並不等於就有了幸福啊！

人們經常在富貴的誘惑中迷失自我，忘記了生活的本意，結果得到的財富越多，飛走的幸福也越多。

春秋時期越國名臣范蠡有一段名言：「榮華美色，富貴功名，如耽幼童之戲耍，令人不思其返；耽功名者如文種，一命嗚呼；耽仇怨者如勾踐，鬱鬱而終……凡此種種，皆命中之迷象。不觀，則廢其華美；觀之過甚，則廢後繼之景。人命苦短，吾苦於不能識天下美景。今吾歷盡世事，吾之所求，惟心之安也……」

有個男人，家庭很幸福，不但生活富裕，太太也很愛他。

在一個朋友的聚會上，他認識了一個年輕貌美的女孩。這個女孩漂亮迷人、青春活潑，他不由得心動了，兩人產生了感情。

後來年輕女孩對他說：「偷偷摸摸的不自由，我們乾脆離開家鄉，找一片新天地建立屬於我們的家。」男人聽了覺得她說得很對，就趁太太去走訪親戚的時候，把家裏所有值錢的財物都收拾好，到港口與那女孩會合。

女孩說：「你先把東西給我，等我運到對岸再回來找你，若是被發現就不好了。」男人認為有道理，就把所有財物交給了她，自己留在原地等待。

沒想到，一天、兩天、三天過去了，年輕女孩就這樣一去不回。

男人又餓又冷，可是又不知道怎麼回家面對太太和被自己搬空的家，無奈又狼狽地坐在港口的石頭上。

突然，他看到一隻狼狗叼著一隻鳥從他面前跑過去，那隻鳥還在奮力掙扎。狼狗跑到水邊，看到水中有一條魚，就把鳥放下，要去抓魚。最後，魚游走了，鳥也飛走了。

男人看了，忍不住笑說：「這隻狼狗真傻，已經有一隻這麼好的鳥了，居然放棄而去抓魚，結果鳥和魚都得不到，真是傻啊！」

狼狗回頭說：「我的傻，只不過讓我挨一頓餓；你的傻，卻誤了你一生！」此時，這愚癡的男人才如夢初醒，懊惱地說：「我居然為了一個貪慕金錢的女人，放棄了愛我的太太和全部的家當，就是因為我抵擋不住誘惑！」

金錢和名位的誘惑、情感的誘惑，甚至於甜言蜜語的誘惑、富貴榮華的誘惑……世間誘惑何其多，一時把持不住，即使你能夠享受到片刻的歡愉，也很難使這些保持長久。如果經受不起外界的誘惑，就難以保持自我，難以走好自己的人生路。

2 智慧的眾生顛倒

佛曰：「一切眾生，從無始來，種種顛倒。」

南懷瑾先生說：「世界上最值錢的東西也最不值錢。最值錢的東西沒有價錢，智慧是絕對無價的，但是智慧也一毛錢都不值。這就是佛常說的『眾生顛倒』。」

有一個人每天都想著發財，當他聽說沙漠的深處有大量的寶藏後，就收拾好自己的行囊，向著沙漠進發。可是他還沒有找到寶藏，身上帶的食物和水就已經用完了。

他感到又渴又餓，身上一點力氣都沒有。可是沙漠裏荒無人煙，想要向路過的行人求助是不大可能的。因此，他只能靜靜地躺在沙地上等待死神的降臨。

當尋寶人越來越虛弱的時候，他突然感到了對死亡的恐懼，於是，他向佛祖祈禱說：「佛祖啊，請您幫幫我這個可憐的人吧！」

這時，空中傳來一個聲音：「你想要什麼呢？」

尋寶人沒想到，佛祖真的會出現。他急忙回答說：「我想要食物和水，就算是很少的一點也足夠了！」佛祖就給了尋寶人一些食物和水。

吃飽喝足後，尋寶人帶著剩餘的水和食物，繼續向沙漠深處進發。他最終找到了寶藏，尋寶人貪婪地把金銀珠寶裝滿袋子後，還把自己身上所有的口袋也都塞滿了。

此時，他剩餘的水和食物已經不多了。他帶著寶物，艱難地往回走，但是由於體力不斷下降，這位尋寶人不得不把身上的金銀珠寶扔掉一些。他一邊走一邊扔，一直到所有的寶物都被扔完了也沒走出沙漠。最後，他只好再次躺在地上，等待死亡的到來。

正在這時，佛祖又出現了，他問尋寶人道：「現在，你還想要寶藏嗎？」

「我不再想要寶藏了。我想要水和食物，更多的水和食物！」尋寶人有氣無力地回答。

人們往往會在擁有自認爲很平淡無奇的幸福生活時，認識不到生活的美好，反而去追求名利、地位，並不斷產生新的欲望。俗話說：「人心難滿，欲壑難填。」人的欲望是永無止境的。人世間很多煩惱都是因爲欲望而起，欲望使我們不珍惜現在所擁有的，卻一味追求我們所沒有的。當我們貪戀那些沒有得到的美好，爲此身心交瘁地拼命的時候，我們眼中就只剩下那所謂的「幸福」，看不見已經擁有的一切。

古時候有個財主，從擁有九十九隻羊的那一天起，就眼巴巴地盼望著能再添上一隻羊，好湊夠一百隻。

一天深夜，他輾轉反側之際，忽然想起村後的山上有一座寺院，寺院裏有一位得道的禪師養了一隻羊。於是，第二天一大早，財主便前去懇求禪師慈悲為懷，將那隻羊讓給他。當時，禪師正閉目靜思，眼皮也沒有動一下，只淡淡地說：「牽走吧！」

一個月之後，財主又來求見禪師。禪師見他愁眉苦臉、面容憔悴，便問他為何如此心焦。

財主苦笑著說：「現在我已經有一百零五隻羊了。」

禪師困惑不解：「既然如此，應當高興才是啊！」

財主搖頭嘆息：「可我什麼時候才能擁有兩百隻羊呢？」

禪師默默無言，轉身端來一杯水，遞到他的手中。

財主剛喝了一口，便大叫起來：「這茶水為什麼這麼鹹啊？」

禪師不動聲色地說：「其實，你給自己喝的也一直是鹹水呀！」

欲而有節，就如一杯清茶，其味雖淡，卻能滋養潤喉、沁人心脾；而過度的貪欲則是一杯鹹水，其味雖濃，卻只會越喝越渴、越渴越喝，永遠無法消解心頭之渴。

南懷瑾先生在一次講課時說：「口袋裏的鈔票髒得要命，又不能當飯吃，卻要數了又數，然後還要放在保險箱裏；人不吃它就會死的米、麥，卻擺在那裏沒有人理。你說眾生顛倒不顛倒？黃金、鑽石能做什麼用？卻珍惜得不得了，貴得要命，結果，還惹來殺生之禍，顛倒不顛倒？說什麼打是情，罵是愛，顛倒！」

一日，佛祖遇見了一個詩人。詩人年輕、英俊、有才華且富有，妻子貌美溫柔，但他卻過得不快活。佛祖問他：「你不快樂嗎？」

詩人說：「我什麼都有，只欠一樣東西——幸福，你能給我嗎？」

佛祖說：「可以。」於是，佛祖把詩人所擁有的都拿走了——拿走了他的才華，毀去了他俊朗的面容，奪走了他的財產和他妻子的生命。

佛祖做完這些後便離去了。一個月後，佛祖回到詩人的身邊。這時，詩人已經餓得半死了，正衣衫襤褸地躺在地上掙扎。於是，佛祖把他原有的一切都還給了他。然後，佛祖又離去了。

半個月後，佛祖再去看詩人。這次，詩人摟著妻子，不停地向佛祖道謝，因為他得到了幸福。

南懷瑾先生還說：「人世間沒有一樣不顛倒，眾生顛倒，知見不正，樣樣顛倒。不顛倒，就成佛了。佛是什麼？中國禪宗祖師說佛是無事的凡人，沒有事的平凡人，哪個人能夠做得到？都是無事生非，都在顛倒之中。」

3 享受真正的大福報

南懷瑾在講佛時說：「大福報是你證到了空性，悟道而成佛，這才是大福報、大成就。但是要想悟道成佛，就要諸惡莫作，以眾善奉行的一切福德來培養這個智慧。」

從前有一個對王宮中富貴榮華的生活十分嚮往的人，他一直希望自己能夠有機會去侍奉國王。他認為這樣就可以不費吹灰之力地住進金碧輝煌的皇宮，每天吃著山珍海味，享受像貴族一樣的富足安逸的生活。他常常一邊幻想一邊感嘆：「這是多麼令人快樂的一件事啊！」

後來，他真的成功謀得了侍奉國王的職務。然而，他在接受了這項工作後，卻發現事情並沒有他之前所想的那樣簡單。就拿整理國王的衣帽來說吧，既要注意整齊，又要講究擺放的位置，並不像之前做粗活那樣隨便。而且，他每次做事的時候都要小心翼翼，要是一不小心惹國王生氣了，就很可能會丟掉自己的性命。

有一次，他一不留神把國王的上衣掛在帽子的掛鉤上，把帽子掛在了上衣的架子上。國王對此很是氣憤，就下令讓人抽打了他四十大鞭。他被打得痛苦不堪，屁股被打得皮開肉爛。後來，國王又讓人給他治鞭傷，醫生就用馬糞敷在他被打爛的地方，他的傷很快就痊癒了。

有一個傻子知道了這件事後，感到非常有趣。於是，他回到家後，就讓他的兒子用鞭子抽打他的屁股。兒子心想：兒子怎麼能夠打父親呢？因此堅決不同意。

這時，傻子就說：「我有最好的治療打傷的藥方，我要親自試試這藥方的神奇療效。你必須要聽我的命令，不然你就是不孝。」兒子無奈，只好聽從父親的吩咐，用皮鞭打他的屁股。

一直打到皮開肉爛的時候，傻子才讓兒子停下來。然後，他又讓兒子將馬糞敷在他的傷口處。結果，傷口哪有那麼容易癒合，他只是枉受了一場痛疼罷了。

南懷瑾先生在講《金剛經》時說：「有些人有福報，又有錢又有富貴功名，但卻沒有智慧；有些人智慧很高，但窮得要死，世間福報不好，也沒得辦法。佛境界就是福德與智慧都圓滿，這叫作福慧雙修。智慧資糧圓滿了，福德資糧圓滿了，就成佛了。所以，大家念經的時候，念到『皈依佛，兩足尊』，就是這個兩足——智慧具足，福德具足。」

南懷瑾說：「智慧不是光靠讀書，或靠兩個腿子在那裏咬緊牙根就熬得出來的！那個持戒修定，咬緊牙關熬腿子，不過是修福德，修有爲福德的一種而已。無爲福德，處處都是，而你自己的智慧不能到達，修不成。所以，學佛果然是真智慧，這個培養智慧的福德，又是一切善行的功德所完成的。」

唐朝時期，曾經有一名道士向法印禪師挑釁說：「您們佛教什麼都講究個『一』字，一佛一如來、一真法界、一乘、一心，什麼都是一；而我們道教就比你們高明多了，我們說的乾坤、陰陽之類的都是二，二包含的總比一多。毫無疑問，道教是勝過佛教的。」

「真是這樣嗎？『二』一定能勝過『一』嗎？」聽完道士的話，法印禪師像是不解地問道。

道士理所當然地說：「只要你能說一，我就一定能說出二的道理來，一定能勝過你們。」

法印禪師就站起身來，抬起一條腿，然後緩緩地問道士說：「現在我抬起了一條腿，你能像我這樣站著，然後把兩條腿都抬起來嗎？」

道士只好默默無言地離去。

南懷瑾先生認爲，世界上最大的福報就是智慧，即使是財富多得足以買下整個地球的人，仍然買不到智慧。成佛就是福德夠了，智慧到了。他說：「我們看看歷史，大福報的皇帝們，現在都過去了，也沒有了。這個江山世界，誰能夠做得了主啊？一代一代。一個一個都換過去了。但是幾千年前那個月亮，今天出來，明天還是出來，漢朝出來，唐朝還是出來，它管你世界上的人鬧些什麼！以帝王之富貴，也不過是一場春夢。」

4 福報很好的時候，慢慢用

南懷瑾說：「福報是有窮盡的，每個人的光榮都是一下子。就像一支手電筒，每個人那個電筒都要亮一下，可是希望一輩子發亮是不可能的。」

南懷瑾六歲的時候開始去私塾接受舊式教育，讀四書五經。十一歲的時候，南懷瑾讀過的古書已經有很多了。他的父親是個很有經營頭腦的人，家裏除了有些田地上的收成外，父親還在鄉間開了多家小店，可以說是家業興旺。

當時，城裏的學校已經時興學習現代的科學知識。開明的父親就想辦法把南懷瑾送到了城裏的縣第一小學，插班到六年級讀書。因為南懷瑾的家在鄉下，離學校太遠，學校又沒有地方住，父親就讓他寄宿到了一個朋友家裏。

到了學校放寒假的時候，正趕上南懷瑾的奶奶要過六十大壽，家裏就擺開宴席，大肆慶祝，熱鬧了好幾天。

雖然離開學還有好幾天的時間，可南懷瑾在奶奶的生日宴結束後的第二天，就急匆匆地要去上學。家人再三勸阻無效後就由他去了。這時候，家裏的人都還在忙，因此也沒有人送他。南懷瑾就一個人走了幾個小時，到了城裏，還是先住在父親的朋友家裏。

讓人怎麼也想不到的是，就在南懷瑾離開家的那天夜裏，一夥窮凶極惡的海盜把南懷瑾家裏洗劫一空。幸好他的母親化裝成傭人，父親又快速地逃走去搬救兵，這才讓全家人都保住了性命。

南懷瑾對家中遭遇的這場禍事刻骨銘心，他把這件事當成了終身的警示，並把它與「福報」聯繫起來思考，融入到他的人生哲學之中。

南懷瑾深刻認識到，正是因為連續大操大辦奶奶的大壽，過於張揚，才會招來海盜。儘管他的父親做了不少慈善事業，也經常捐助地方解決一些困難，在當地很有人緣。但是為了做個生日，聲勢浩大地擺下十幾桌酒席，天天大魚大肉，得意忘形，災難也就隨之而降。

南懷瑾後來常對人說，在「福報」好的時候，要慢慢享用，不要一次用完了。弘一法師在一次講佛時說：「要曉得：我們即使有十分福氣，也只好享受三分，所餘的我們可以留到以後去享受。」

我們不僅要慢慢享用「福報」，還要學會「惜福」。不要因為一味羡慕別人的幸福，而忽略掉自己原有的幸福。

在一條小河的兩岸，分別住著一個和尚與一個農夫。和尚每天看著農夫日出而作、日落而息，生活看起來非常充實，他非常羡慕；而農夫在對岸看見和尚每天都是誦經、敲鐘，無憂無慮，生活十分輕鬆，也非常嚮往能擁有像和尚那樣的生活。「真想到對岸去！換個新生活！」在他們心中產生了一個共同念頭。

有一天，他們碰巧見面了。兩人商談一番後，達成了交換身分的協議，農夫變成和尚，而和尚變成農夫。當農夫來到和尚的生活環境後，才發現和尚的日子其實一點也不好過。那種敲鐘、誦經的工作看起來悠閒，事實上卻非常煩瑣，每個步驟都不能遺漏。更重要的是，和尚刻板單調的生活非常乏味枯燥，這讓農夫覺得無所適從。

他每天敲鐘、誦經之後都坐在岸邊，羡慕地看著在對岸快樂工作的其他農夫。做了農夫的和尚重返塵世後，痛苦比農夫還要多。面對世俗的煩擾、辛勞與困惑，他非常懷念當和尚的日子。因此，他也和農夫一樣，每天坐在岸邊，羡慕並靜靜地聆聽對岸傳來的誦經聲。

終於，他們的心中又同時響起了另一個聲音：「回去吧！那裏才是真正適合我們的生活！」

弘一法師在《青年佛教徒應注意的四項》中曾說：「從前常有人送我好的衣服或別的珍貴之物，但我大半都轉送別人。因為我知道我的福薄，好的東西是沒有膽量享受的。又如吃東西，只生病的時候吃一些好的，除此之外，從不敢亂買好的東西吃。」

南懷瑾先生認為「福報」是修來的。他說：「福報修成就了，才能得到無上智慧。一個人不要說智慧，生來能有一點聰明，都還不是一生一世的事。要想得到無上的智慧，不是求得來的，是修來的。要修一切的善行、一切的功德，才能成就無上的智慧。」而「福報」如果運用不當，或者過多地使用，就會造成壞的結果。

5 做功德是無窮無盡的

什麼是功德？南懷瑾說：「功德是積功累德，是慢慢一點一點地累積起來的。就像我們一件工程，一天一點累積起來就是功，功力到了所得的結果，就是德。」

南懷瑾先生在講《金剛經》時說：「在佛的戒律上看到許多地方，佛帶領一般弟子修行，學生中有眼睛看不見的，佛幫他做事情。那些弟子說，你老人家怎麼還來幫忙呢？他說我也是要培養功德，他說一個人做功德是無窮無盡的。換句話說，做好事是不分尊卑地位的，也沒有夠的時候。」

很久以前，有一個從鄉下來到城裏找工作的貧窮女孩，經常是吃了上頓沒下頓。她在去都城的路上，經過了一座寺廟，就把自己身上僅有的兩文錢放進了殿裏的功德箱，寺裏的方丈和尚親自為她祈福迴向。

後來，這位貧窮的女孩竟成了皇后，過起了榮華富貴的生活。

有一天，她帶著許多宮女和大量的財寶，再次到那座寺廟去捐獻功德。這次，方丈和尚並沒有親自主持，而只是讓自己的徒弟為她誦經迴向。這讓皇后非常生氣，她找到老方丈，質問說：「當年我來寺裏的時候非常窮苦，只為寺裏捐獻了兩文錢，你就親自為我迴向；而如今我已貴為皇后，帶了這麼的財寶來捐獻，你卻只讓你的徒弟來接待我，這是為什麼？」

方丈平靜地說：「雖然那時您只捐獻了兩文錢，但對您來說已經是您的全部財產了，當時的捐獻是出於全部的真心，我如果不親自主持的話，就辜負了您；而現在，您有億萬財富，這些財寶對你來說只是九牛一毛，您這次來佈施是懷著炫耀的心，而不是虔誠禮佛的心，我的徒弟給你迴向足夠了。」

聽完方丈的話，這位皇后頓時覺得慚愧不已。

南懷瑾曾在講佛經時舉例說：「牛頭融禪師沒有悟道以前，在牛頭山入定。入定的時候，有天人送食，還有百鳥銜花供養。當時他還沒有悟道，只是入定而已。悟道以後，他就不入定了，其實他一直都在定中。所以，他不在山上打坐，而是下來辦教育，帶領了很多人修持。他每天要走幾十里路來回背米、挑米，米挑來給學生們吃，給徒弟們吃。」

有一個小山村，村民們出行非常不便，進城需要繞很遠的山路，要繞到懸崖的對面去。

有一天，村民們聚集在一起，商量著要在懸崖上面架一座能通往對面懸崖的獨木橋。大家商量的結果是：用一條又大又堅固的梁木，並用很粗的繩子捆住梁木的兩端，拉住一端的繩子把梁木放下兩個懸崖之間的河溝裏去，然後讓幾個人攀著岩石爬下河溝，再游到對岸，爬到對岸的懸崖上去。最後，兩邊的人同時拉著繩子，這樣把梁木拉上去後，就可以把橋架起來了。

但是，因為河溝裏的水又深又急，好幾個人在試圖游到對岸的時候都被水沖走了，就連梁木都有被沖走的危險，後面的人不敢向前，都退了回來。看來橋一時是架不起來了，人們就打算收工回去。

就在這時，人群中一個力氣和膽量都比別人大的人，自告奮勇要去再試一試。他拉住梁木，奮力往河對岸游去，最終，他爬到了對面的懸崖上，並成功地把橋架了起來。

人們對他非常感激，並把他崇為英雄，讓石匠把他的名字刻在河溝旁邊的石壁上，並殺豬宰羊，舉辦酒宴來感謝他。人們對他的心意都是發自內心的。

沒想到，這個人竟因此逐漸變得傲慢起來，在村莊中橫行霸道，還以酋長自居。最初的時候，大家因為他的功勞而對他寬容忍耐。但是他卻更加肆無忌憚，甚至當眾揚言說：

「要不是有我，你們連個獨木橋都架不起來！你們看吧，我現在就把橋丟到河裏去，我看你們還有什麼辦法！」

大家對他的話並沒有放在心上，都以為他只是在開玩笑，因此也沒有人去勸阻他。沒想到，他真的跑到懸崖邊，「砰」地一下，把橋木扔到了懸崖下面。這下，大家都發怒了，他們忍無可忍地把他抬起來，丟到懸崖下面的河溝裏去。村民們很快就重新架好了獨木橋，並把當初刻在石壁上的他的名字也刨掉了。

南懷瑾先生說：「不要以爲自己至高無上、崇高偉大，好像功德圓滿了，那就算成了佛，也已經不值錢了。這種佛我們可以把他拉下來。所以，佛的偉大也就在此，他永遠不斷地以身作則，不斷地善行培養功德。一切菩薩修持善果，修持功德，永遠都是無窮盡的。」

南懷瑾先生還告誡學佛的人說：「真正的學佛，要在行爲上注意。一般學佛的人觀念錯誤，認爲學佛可以偷懶，可以躲避，以爲在學佛，萬事不管。這完全是錯誤的態度，不但不夠小乘，就是基本做人的行爲都算錯誤的。」

第十課

心如明鏡，不惹塵埃

1 最大的福氣是清福

南懷瑾說：「佛法分兩種，走出世間是清淨，走入世間是紅塵。」他解釋說：「紅塵裏的人生，就是功名富貴，普通叫作享洪福，清淨的福叫作清福。人生鴻福容易享，但是清福卻不然，沒有智慧的人不敢享清福。」

有一天，寺廟裏來了三個愁容滿面的人，他們來請教寺裏的老和尚，如何才能消除煩惱。老和尚問：「你們先說說你們為什麼活著？」

第一個人說：「我活著，大概是因為我不願意死。」

第二個人說：「我活著，是因為我希望能看到我年老時子孫滿堂。」

第三個人說：「我當然要活著，我上有老下有小，還都指望著我養活呢。」

老和尚說：「你們活著，只是因為害怕死亡，或者因為不得已才活著，你們的生活當然不會快樂。」

三個人齊聲問：「那我們要怎樣才能得到快樂呢？」

老和尚反問：「那你們認為得到什麼才會快樂？」

第一個人說：「我認為有愛情就會快樂。」

第二個人說：「我認為有名譽就會快樂。」

第三個人說：「我認為有金錢就會快樂。」

老和尚聽完以後，笑著對他們說：「你們有這些想法，必定永遠不會快樂。等你們有了愛情、名譽、金錢以後，煩惱憂慮也就會跟上來纏著你們。」

三個人面面相覷，無奈地說：「那我們怎麼辦呢？」

老和尚說：「辦法是有，那就是要有一顆禪心。只有心在禪中，無欲無求，煩惱自然去，快樂自然來。愛情要肯付出才有快樂，名譽要用來奉獻大眾才會快樂，金錢要捨得施與才有快樂。不將煩惱放在心上，不將欲望掛在心頭，才有真正的快樂。」

三人聽完之後，頓時醒悟。

「世界上一切人的心理佛都知道：一切人都把不實在的東西當成實在，真的清淨來了，他也不會去享受。學佛證到了空性，自性的清淨無爲，大智慧的成就，才算是真福報。真福報那麼難求嗎？非常容易！可是人到了有這個福報的時候，反而不要了，都是自找煩惱。」

南懷瑾先生如是說。

有一天，在一個小鎮上，一位九十多歲的老人要過生日，很多人都來祝賀這位壽星，連當地的記者也來了。老人自豪地對記者說：「我是這兒最富有的人。」

政府的一位稅收人員聽說了這件事後，覺得很疑惑，因為自己工作這麼多年來，從來沒有從老人那裏收過任何的所得稅。

為了弄清事情的真相，稅收員找到老人的住所，問他：「聽說您是本地最富有的人，這是真的嗎？」

「當然。」老人爽朗地回答道。

稅收員仔細地觀察了一下老人住的房子，但是怎麼看也不像是富有人家該有的。於是，稅收員接著問：「您能告訴我您具體有多少財富嗎？」

老人說：「身體健康是我的第一項財富。別看我現在已經九十多歲了，我的健康狀況可未必會輸給那些小夥子們。」

對老人的回答，稅收員有些驚訝。他接著問：「那您還有其他財富嗎？」

「跟我一起生活了六十多年的賢慧妻子也依然健在，我的孩子們聰明又孝順，好多人都很羡慕我呢！」

「您有銀行存款或其他有價證券嗎？」稅收員又問。

「沒有。」老人十分乾脆地回答。

「那除了這幢房子，您還有其他不動產嗎？」稅收員不死心地問。

老人仍然回答說沒有。

稅收員肅然起敬道：「老人家，您的確是我們本地最富有的人。並且，您的財富是誰也拿不走的。」

南懷瑾先生說：「真正的福報是什麼呢？清淨無爲。心中既無煩惱也無悲傷，無得也無失，沒有光榮也沒有侮辱，正反兩種都沒有，永遠是非常平靜的，這就是所謂上界的福報——清福。」

「身是菩提樹，心如明鏡台，時時勤拂拭，莫使惹塵埃。」拂去心境上的塵埃，能使我們的生活更覺清爽無阻。

南先生在講「清福」時，還講了一個故事：

明朝有一個人，他每天半夜都會跪在庭院燒香拜天，如此堅持了三十年，終於感動了天上的一位天神。

在他又一次拜天的時候，這位天神下來對他說：「你有什麼要求就說吧，我馬上就會離開。」

那人想了一會兒，說道：「沒有別的，我只是想一輩子不用受窮，有飯吃，有衣服穿，有多餘一點的錢可以讓我遊山玩水，一輩子不受災病的困擾，無疾而終。」

天神聽後十分為難地說：「你求人世間的功名、富貴我都可以答應你，但是你求的這些是上界的神仙才能夠享受到的清福，我沒有辦法滿足你。」

南先生還告誡我們說：「清福每個人都有。我們每一個人都有清閒的時候，可是一天到晚無事，閒在家裏，你閒不了啊！自己會掉眼淚，好像被社會上的人忘掉了，又怕被人家看不起！沒有一個人遞一張名片來看我，沒有人發請帖來，也沒有人打個電話問候我……唉呀！我好悲哀啊！他有清福不會享！學佛的人要先能明瞭這一點。」

2 平常心就是道

佛說：「平常心」就是道，「平常心」就是佛。

南懷瑾先生說：「懂了道的人，處在這個世間如夢如幻，一切皆是在遊戲之中，連生死都是遊戲，現實更是遊戲，沒有哪一樣不是遊戲。或者你認真也無妨，認真也是遊戲，不認真也是遊戲。像在這個大地球、大湯圓上，幸而生了我們這些穿衣服和不穿衣服的生物。這些生物就在這個大湯圓上，莫名其妙地搞了幾千萬年，實際上都是在玩，都是在遊戲，沒有哪個是究竟。」

在很久以前，有一位神箭手。他練就了一身的好箭法，每一箭都能射中靶心，從來沒有失過手。人們爭相傳頌，對他高超的技術非常敬佩。

國王聽說過這位神箭手的本領，也目睹過他的表演，十分欣賞他的功夫。有一天，國王想把他召進宮，單獨給他一個人演習一番，好盡情領略他那爐火純青的箭法。

國王命人把他找來，帶他到皇家校場，對他說：「今天請你來，是想請你展示一下你精湛的箭法。為了使表演不至於沉悶乏味，我來定個賞罰規則：如果射中靶子，我就賞賜你一百兩黃金；如果射不中，那就要罰你五十兩黃金。現在請開始吧。」

聽了國王的話，神箭手一言不發，面色變得凝重起來。他慢慢走到離靶子一百步的地方，腳步顯得相當沉重。然後，他取出自己的弓和箭，擺好姿勢開始瞄準。

想到自己這一箭出去可能發生的結果，一向鎮定的他呼吸變得急促起來，拿弓箭的手也微微發抖，瞄了幾次都沒有把箭射出去。

過了好一會兒，他才拉弓射箭，箭「嗖」地一下射在了離靶心足有幾寸遠的地方，神箭手的臉一下子白了。他再次拉開弓，精神卻更加不集中了，箭射中的地方也偏得更加離譜。連射幾箭，都沒有射中靶心。

神箭手只好向國王告辭，悻悻地離開了王宮。國王在失望的同時掩飾不住心頭的疑惑，就問手下道：「這個神箭手平時百發百中，為什麼今天跟他定下賞罰規則後，他就大失水準了呢？」

手下解釋說：「他平日裏射箭，不過是一般地打靶，心態平穩，水準自然可以正常發揮。可是他今天射出的成績直接關係到他的切身利益，難怪他靜不下心來充分施展技術！由此可見，一個人只有真正把得失心置之度外，才能成為當之無愧的神箭手啊！」

平常心就是一顆無雜念的心。要做到心無雜念，就需要磨煉，需要修行。只有擁有了平常心，才能在任何場合下都能保持最佳的心理狀態，做到臨危不亂，展現出最佳的自己。南懷瑾先生說：「要真正到達最平凡處，你才會體會到最高的。」

一位年輕人總是覺得自己無端地煩悶、憂鬱，一點幸福的感覺都沒有。於是，他上山拜見赫赫有名的圓通大師，想向他討教快樂之道。

圓通大師聽了年輕人的抱怨，說：「快樂就在心裏，不需要向心外求，在向外尋求又得不到的時候，就會為此感到煩惱。快樂是一種心理狀態，只要內心湛然，那麼就沒有什麼事是不快樂的。」

接著，圓通大師講了一個寓意深刻的故事給這位年輕人聽：

從前，有這樣一位老者，「太好了，太好了」是他一年到頭掛在嘴邊的一句話。

當一連幾天下雨，人們都在為久雨不晴而抱怨時，他會說：「太好了，真是上天的眷顧！如果這些雨在一天之內全下下來，那豈不氾濫成災了？神明把雨量分成幾天下，難道不是值得慶幸的事嗎？」

有一次，老者的老伴患了場重病，很多親友和鄰居都去探望老太太。眾人本以為老者這下不會再說那句「太好了」，可一進門，大家依舊聽見老者說道：「太好了，太好了。」

眾人對此大為惱火，就斥責他說：「你也太過分了！你的妻子現在患了重病，你卻還口口聲聲說太好了，你有沒有良心啊？」

老者聽後不以為然地答道：「這你們就不明白了。我活了這麼一大把年紀，以前總是老伴在照顧我，現在她生病了，我終於有機會好好照顧她了。」

年輕人完聽圓通大師講的故事後，若有所思地離開了。

南懷瑾先生在《金剛經說什麼》一書中說：「無上菩提是非常平實的。古德告訴我們，道在平常日用間。真正的道，真正的真理，絕對是平常的。最高明的東西就是最平凡的，真正的平凡才是最高明的。做人也是這樣，最高明的人，也最平凡，平凡到極點的人就是最高明的人。」

為此，南先生還舉例說：「蘋果很平凡，年年落地，有一個人卻在平常的道理裏頭，找出了一個不平常。譬如水蒸氣很平常，燒開水，煮飯，都有蒸氣，但是瓦特卻發明了蒸氣機。一切的事物，同一理由，在最平凡之中，就有不平凡。」

3 心定，則萬物莫不自得

佛說：「去佛不遠，不假方便，自得心開。」南懷瑾說：「世界上各種宗教，所有修行的方法，都是求得心念寧靜，所謂止住。佛法修持的方法雖多，總括起來只有一個法門，就是止與觀，使一個人思想專一，止住在這一點上。」

裴度是唐朝時期的一個國相。一天傍晚，裴度忙完公務，正與一幫朋友喝茶聊天，突然有家丁匆匆跑來向他彙報說相印被偷走了。一般人遇到這樣的事情，第一反應或許是封閉整個相府，禁止任何人出入，然後對府中的人挨個兒搜查……

然而，裴度卻像個沒事人一樣，依然與眾人一邊喝茶，一邊暢談。並吩咐屬下要像平常一樣，就當這件事沒有發生，還讓僕人擺上酒席，說要與朋友們把酒言歡。雖然下屬對此很是疑惑，但還是按照裴度說的去做了。

正當眾人酒意酣暢之時，下人又來報告說相印自己回來了。看到大家滿臉的疑惑，裴度解釋說：「現在是太平盛世，我想偷相印的，無非是哪個小官要悄悄地蓋什麼文書，要是用完了，看到沒人發現，他還會悄悄地送回來，不會出大的事情。但是如果我大肆搜查，偷相印的人或許會一時情急毀了相印，或者把它扔進河裏，那事情就嚴重了。」

「我們的心念像流水一樣永遠在流，雜念妄想停不住，怎麼辦？雜念妄想不要怕，它像空中的灰塵，只要心靜下來……我們的心念用過了就要丟，隨時在止中，隨時在定中。」南懷瑾在講《圓覺經》時說。

在一個午後，有一位禪師一動不動地坐在寺門外的大樹下參禪。這時，有一隻野兔在老鷹的追趕下慌不擇路，鑽進了禪師的僧袍。禪師不為所動，依然坐在那裏靜心參禪。原本在後面追趕野兔的老鷹嘶鳴著在禪師的頭頂上方盤旋，接著又落在禪師的身上。禪師依然泰然靜坐。

直到天色逐漸暗了下來，野兔依然不見蹤影，老鷹才很不情願地飛走了。膽戰心驚的野兔這才慢慢地從禪師的僧袍裏鑽出來，朝一處山谷跑去。

有幾個遠遠地目睹了這一切的小和尚，非常好奇地問禪師：「師父，您只要一揚手就可以嚇走那隻老鷹，幫助可憐的野兔，可是您為什麼沒有那樣做呢？」

禪師回答說：「雖然野兔的性命珍貴，但是老鷹的饑腸同樣令人悲憫，如果沒有一隻野兔被吃掉的話，老鷹就很可能會被餓死。」

這就是佛家常說的：佛心禪意，處變不驚。

南懷瑾說：「修行打坐種種的法門，都是在修止的階段，止是定的因，定是止的果。但是，一般人的修止，初步的止都止不住。」

南先生在一次對佛家弟子講禪理時說：「非要大死一番，才能大活。可不是叫你去自殺，叫你雜念、妄想、善的、惡的念頭一概丟下來，忘光了，才能大活。這個時候才能大悟。現在，各位把身心放下，好好用功。」

在一個城市的蔬菜批發市場旁邊，有一個賣魚市場，魚販子們每天都在這個充斥著魚腥臭氣的環境中工作，他們曾經整天抱怨命運的不公。

有個新來的魚販剛開始也跟他們一起抱怨，但是一段時間後，他突然意識到不論怎麼抱怨都是沒用的，只有自己才能拯救自己。於是，他對自己的工作從厭惡轉變為欣賞，他每天都會用最燦爛的笑容迎接來自四面八方的客人……

這種樂觀起初不被周圍的魚販理解，但時間長了，大家都被那種快樂的氛圍感染了。他們不再抱怨，而是開始把自己的工作當成一種藝術。

他們個個面帶笑容，把快樂傳遞給每一個人，他們的微笑感染了那些臉上佈滿陰雲的顧客。在大家的齊心協力之下，以前氣氛沉悶的魚市，儼然成了一個歡樂的場所。

他們快樂的工作氛圍還影響了附近的上班族。上班族們忽略了賣魚市場的腥臭，常到這兒來和魚販們一起用餐，感受他們快樂工作的好心情。在這種快樂的氛圍下，有很多來這裏的人都會情不自禁買下魚貨，魚市的生意自然也越來越好了。

南懷瑾先生在講解佛經時說：「如何把煩惱降伏下去，佛答覆得那麼輕鬆：『如是住，如是降伏其心。』就是這樣住，就是這樣降伏你的心。換言之，你問問題的時候，你的心已經沒有煩惱了。就在這個時候，就是禪宗所謂當下即是，當念即是，不要另外去想一個方法。」

4 從複雜中解脫出來

南懷瑾先生說：「佛法的目的是什麼呢？我們被人世間一切的煩惱感情捆縛著，要解脫三界的情欲、煩惱、妄想，脫開一切的黏縛，回到自己本來的面目，這就是佛法的究竟。所以佛法講了半天，三藏十二部，都是爲了這個，要把那些黏著的、捆著的，都徹底解脫了，這就是佛法的精要。」

南懷瑾生前的生活是很簡樸的，他在文教事業上投入了大量的金錢，而他自己卻過著淡泊樸素的生活。除了一些特殊場合，南懷瑾先生一年到頭都是穿著圓口的平底鞋，一身老式長袍，天氣炎熱的時候就換上老式對襟短褂。

一位哲學家在一次有幾萬名聽眾的演講中，講了這樣一段話：「快樂由心而生，心由事而定，事由人來做。全然的快樂是一種單純，它來自於簡單的心靈，心如果負荷得太多，事事想得太複雜，煩惱和憂愁就會隨之而來。」

演講完後，很多人都上前問哲學家：「快樂真的就這麼簡單，這麼容易獲得嗎？」

哲學家回答是肯定的。為了證明自己的說法正確，他把一個小孩、一個數學家、一個物理學家同時請到一個密閉的房間裏。

黑暗中，哲人吩咐他們：「請你們用最廉價又最能使自己快樂的方法，儘快把這個房間裝滿東西。」

物理學家馬上伏在桌上開始畫這個房間的結構圖，然後埋頭分析這個季節哪裡是光照最佳的方位，在哪堵牆哪個位置開扇窗最合適。草圖畫了一大堆，但絞盡腦汁的物理學家還是不能確定在哪堵牆上開窗。

而數學家在聽到吩咐後，立即找來卷尺丈量牆的長度和高度，之後伏案計算這間房的面積，苦苦思索能用什麼最廉價的東西恰到好處地把房間迅速填滿。

只有那個小孩不慌不忙，他找來一根蠟燭，從口袋裏掏出火柴點亮它——昏暗的房間一下子明亮了。在物理學家和數學家還皺著眉頭設計種種方案時，小孩已經在屋裏圍著搖曳的燭光幸福地跳舞和歌唱了。

物理學家和數學家看著盛滿燭光的小屋，看著那個不費吹灰之力就簡簡單單獲勝的小男孩，不禁面面相覷。

哲人問物理學家和數學家：「你們難道沒聽說過用燭光盛屋這個古老的民間故事嗎？」

數學家和物理學家回答：「我們知道，可我們是數學家和物理學家啊，怎麼會用這麼簡單的方法。」

哲人嘆了口氣：「簡單的心一旦複雜起來，歡樂和幸福就離你們越來越遠了。」

南懷瑾先生說：「有些人打坐幾十年，雖然坐在那裏，但是內心還是很亂，不過偶爾感覺到一點清淨、一點舒服而已。一點清淨舒服還只是生理的反應與心境上的一點寧定，而真正的定，幾乎沒有辦法做到。」

一個囚徒被關在一間僅有兩平方米的牢獄裏面。在這狹小的空間裏，他每時每刻都覺得特別憋屈，既不自在，又無法活動筋骨。他覺得這裏簡直就是個人間地獄，待在這比死還要難受。於是，他整天在那裏怨天尤人，不停地對著牆壁抱怨。

一天，小牢房中飛來了一隻蒼蠅，這位不速之客在囚犯的耳朵邊嗡嗡地叫個不停，讓他很心煩。於是，囚徒下定決心，一定要捉到這隻該死的蒼蠅，以解心頭之恨。想罷，他小心翼翼地伸手去捉蒼蠅。不料，這隻蒼蠅還挺機靈，每當快要被捉到的時候，就輕盈地逃脫了。

蒼蠅飛到東邊，他就向東邊撲去；飛到西邊，他又向西邊撲去。就這樣，捉了好長時間，依舊沒有捉到。這時，他才感慨地說道：「原來我的囚房並不小啊，居然連一隻蒼蠅都捉不到，可見還是挺大的。」

通過這件事情，他悟出了一個道理：心中有事世間小，心中無事一床寬。

南懷瑾先生在講《圓覺經》時說：「有人打完坐，哭喪著臉跑來問我說：老師，境界掉了，好不好笑？注意！無得無失，有得有失就不對了，表示你還沒有悟。『無取無捨』，一般人學佛都想抓住一個境界，想抓住一個空或清淨，這些都是有取，都是貪。很多人學佛越學越煩惱，爲什麼？我的妄念好多好可怕，拼命想要去除妄念，但是又去不掉，所以煩惱不已、痛苦不堪。佛在此告訴你，無取無捨，妄念本來就留不住，何必去捨呢？」

有一位禪師還沒有悟道的時候，有一天向自己的師父請教道：「師父，我覺得人生太苦惱了，請您給我指引一條解脫的道路吧。」「是誰束縛了你？」老禪師反問道。年輕禪師想了想，如實回答說：「沒有人束縛我。」老禪師笑道：「既然沒有人束縛你，你就是自由之身，就已經是解脫了，你何必還要尋求解脫呢？」年輕的禪師聽後頓時大悟。束縛自己的是自己的思想，而能讓自己得到解脫的，也只能是自己。

一位禪師曾說：「春有百花秋有月，夏有涼風冬有雪；若無閒事掛心頭，便是人間好時節。」只要我們的內心不爲外境所動，不管世間有多大的變化，一切榮辱、是非、得失都無法左右我們。南懷瑾先生說：「對於一切事物及佛法，不去追求，也不刻意擺脫，『緣起性空，性空緣起』，當體即真。沒有人綁住你，也不需要解脫。」

佛家認爲：一直以來困擾我們的不是當下的生活，而是自己的心靈。如果能去除心中的雜念，就可以享受超然自我的人生。

5 過分憂慮是一種慢性自殺

南懷瑾先生在講佛經時說：「我們很多人學佛，都想求空，等到空的境界一來，反而嚇住了。你學佛不就是想求個無我嗎？怎麼還嚇住了呢？所以說，『慧』這個佛學名詞用得非常好，慧是要力量的，慧力不夠，功德的功力不夠，就有驚、怖、畏的現象。」

一位遇到困難的信徒，每天都為自己的前途擔憂，這種心理一直折磨著他，甚至影響到了他的正常生活。這天，他去找當地一位德高望重的老禪師，向他請教該用怎樣的心態面對困難。老禪師想了想說：「不如你先聽我講個故事吧。」

看信徒點頭後，老禪師就開始講道：

有一天，一個聾子、一個盲人和兩個正常人結伴旅行，途中要經過一條山澗，澗內水流湍急，而山澗的兩岸都是懸崖峭壁，懸崖之間只有一條鐵索橋。四人想要到對岸去，就只能從這條鐵索橋上一個接一個地爬過去。

聾子安全地過去了，盲人安全地過去了，還有一個正常人也安全地過去了，另一個正常人卻不敢前進。他看著水流打在岩石上沖起白花花的泡沫，聽著那震耳欲聾的水浪的聲音，在鐵索中間雙腿發軟，最終失足掉下了山澗。

難道說一個正常人還不如盲人、聾子嗎？事後，聾子感慨地說：「我雖然看得見浪花，但是卻聽不到有什麼聲音，因此恐懼感也減少了很多，我只注意讓自己不向下看，像平常一樣走過來。」

盲人說：「我聽到了震耳欲聾的水聲，但是卻看不見任何東西，更不知道山澗的水是什麼樣的情形，我只管緊緊抓住鐵鏈，所以能安全地走過來。」

那個過了河的正常人說：「我當時心想，只要注意踩穩抓牢就是了，我過我的橋，什麼水流湍急、懸崖峭壁，都跟我沒有關係。」

故事講完後，老禪師語重心長地對那位信徒說：「由此可見，恰恰是因為那個正常人的耳聰目明才造成了他失足的悲劇。只要保持一顆平常心，不為沒有發生的事情過分擔憂，心靈自得悠閒自在。」

南懷瑾先生說：「煩惱的自性本來是空的，所有的喜怒哀樂、憂悲苦惱，當我們在這個位置上坐下來的時候，一切都沒有了，永遠都拉不回來了。」

南懷瑾在講《金剛經》時曾說：「真正的智慧也就是中庸：『上天之載，無聲無臭。』沒有思想，沒有憂慮，既無煩惱亦無悲，覺性清淨，這是第一波羅密，真正第一等成就的最高智慧。」

已經是深夜了，一個商人仍然躺在床上翻來覆去，無法入眠，妻子就勸慰他說：「別再胡思亂想了，趕快睡吧！」

商人就說：「哎呀！你是不瞭解我現在的痛苦啊。我幾個月前跟鄰居借了一筆錢，明天就是還款的最後期限了，可是你也知道，咱家現在根本就沒有錢還，借我錢的那些鄰居一定不會饒過我的，我怎麼還能睡得著呢？」說完，他又接著在床上翻來覆去。

妻子依然試圖勸道：「睡吧，事情總會有解決的辦法，說不定等到明天，我們就能弄到錢還債了。」

「哪會有什麼辦法，一點兒辦法都沒有啊！」商人懊惱地大喊道。

最後，妻子看丈夫如此焦慮，實在忍不住了，就爬上自家的房頂，然後對著鄰居家高聲喊道：「我知道我丈夫借了你們的錢，明天就是償還的最後期限，但是我現在要告訴你們的是，到了明天，我丈夫也沒有錢還你們！」喊完後，她就跑回臥室對丈夫說：「你可以睡覺了吧，這回睡不著覺的不是你而是他們了。」

試著放棄那些讓我們寢食難安的事情吧，一個人整天生活在憂慮當中，是件多麼可怕的事情啊！憂慮並不會改變現實，更不會讓事情向有利的方向發展。因此，越是重任在身、壓力在肩的人，越是困苦難當，也就越應該首先從好睡好吃做起，這樣才能有飽滿的精神去解決問題。

6 成佛的一句箴言

佛曰：人有善念，即是天堂；人有惡念，便是地獄。

南懷瑾先生在講《金剛經》時說：「要怎麼樣才能成道呢？依循行爲上的善行成就、福德成就，自然可以成道。所以，學佛只有兩種要事，一個是智慧資糧，一個是福德資糧。譬如，我們現在研究《金剛經》，以及所有的佛經，都是找智慧，就是儲備智慧的資糧；諸惡莫作，眾善奉行，是找福德的資糧。智慧不夠不能成道，雖有智慧，福報不夠也不能成道。」

「諸惡莫作，眾善奉行」，就是南懷瑾先生所說的成佛的箴言。

白芳禮老人在他七十四歲的時候，決定做一件大事，那就是幫助貧困的孩子實現上學的夢想。老人沒有別的生活來源，只有靠自己蹬三輪的收入捐錢給貧困孩子，這一蹬就是十多年。

在這十多年裏，白芳禮靠著蹬三輪車，總共掙下了約三十五萬人民幣。他把這些錢全部捐給了天津的多所大學、中學和小學，資助了三百多名貧困學生完成學業。而他自己，平時卻一直過著如同乞丐一樣的生活。

僅憑自己蹬三輪車，能掙的錢實在太少了，所以白芳禮就開辦了一個支教公司，雇了幾個人一起掙錢支教。老人對支教公司的受雇員工說過這樣一句話：「我們掙來的錢姓教育，所以有一分利就交一分給教育。」

到了二〇〇一年，將近九十歲的老人再蹬三輪車掙錢已經非常吃力了。他向一所學校捐出了最後的一筆五百元的款項後，說：「我幹不動了，以後可能不能再捐了！」這位瘦骨嶙峋、全身沒有一件好衣裳的老人，頓時讓在場的所有老師淚如雨下。

白芳禮從沒想過要得到回報。捐出的錢，大多是通過學校和單位送到受助學生手裏，老人從不打聽受助學生的姓名。他那裏也沒有關於被資助學生的任何資料，僅有一張他與幾個孩子的合影。

佛說：「諸菩薩不受福德。」南懷瑾解釋說：「真正行大乘菩薩道的人們，他做善事不想求福德的果報。所謂做一切善事，義所當爲，應該做的啊！假使我們行善救世救人，認爲我在培養福報，那就錯了，那是凡夫的境界，不是菩薩的心性。所以，一切菩薩不受福德，不求果報。」

有一天，一個中年人結束了一天的工作，抄一條小路回家。走著走著，天色全黑了，經過一片灌木叢的時候，他突然聽到有人掙扎的喘息聲。他放慢腳步，仔細地聽了聽，是兩個人扭打的聲音，還夾雜著衣服撕裂的聲音。他馬上反應過來：一個歹徒在襲擊一個女人！

這個中年人猶豫起來，他想：到底該不該管這個閒事呢？衝上去吧，怕歹徒傷害自己，或許歹徒還帶著什麼凶器；不管吧，良心上又過不去；打電話報警的話，這個地方這麼偏僻，員警趕到就晚了。他左右為難，責怪自己為什麼偏偏圖近，選了這麼一條小路呢？

他聽見那個女子的掙扎聲和哭叫聲越來越小，終於下定了決心出手相救。於是，他冒著危險，跑到灌木叢後面，把那個歹徒從那女人身邊拉開，隨後和歹徒扭打成一團，把歹徒給打跑了。

中年人看那個歹徒不會再回來了，而那個蜷縮成一團的女孩仍然在哽咽中，就走到她的身邊，安慰她說：「別怕，那個壞人已經走了，你現在安全了。」

女孩突然抬起頭，哭腔中帶著不可思議，她叫道：「爸爸！是我啊！」原來，女兒今天回家抄近路，結果碰上了歹徒。中年人想起之前的猶豫，頓時一陣害怕。

從佛教的角度看，做好事是積累功德；從我們普通人的角度來說，做好事能讓我們心情舒暢，是心地善良寬廣的表現。

南懷瑾先生說：「無爲福的重要，也就是說學佛修道的結果，是求無爲之果，中文翻譯叫無爲，梵文就叫涅槃，涅槃就是無爲的意思。無爲之道就是最上等的成就。」

南先生還強調說：「大家在那裏打坐做功夫可不是無爲啊！相反的，那是非常有爲！在那裏打坐做功夫，深怕功夫掉了，深怕境界跑了，有時候偶然來一點清淨，把清淨抓得比七寶還要牢，深怕清淨跑掉了。」

有一位備受人們愛戴的禪師，非常有德行和善心，人們都樂意聽他講經文、論佛道。有一次，這個禪師準備在一個地方修建一座佛堂供佛。

一個有錢人一下子捐了一百兩銀子。禪師收下了錢，轉身就走，去忙別的事情。

那個有錢人心裏很不舒服，就緊跟在禪師後面提醒道：「大師！我的袋子裏裝著一百兩銀子啊！」

禪師的步子停也不停，漫不經心地回答有錢人說：「我知道呀。」

有錢人不滿地說：「一百兩銀子可不是小數目，我這麼慷慨地捐給你，你都不道一聲感謝嗎？」

禪師剛好走到一座佛像面前，他停下說道：「你捐錢不是給我，而是給佛祖。你做好事是在為自己做功德，為什麼要我向你道謝？」

禪師見那個有錢人還不服氣，又說道：「如果你把行善當成一種買賣，那我就代替佛祖向你說一句『謝謝』，從此，你就和佛祖銀貨兩訖了！」

有錢人心中慚愧，沒有再說什麼就施禮走了。

南懷瑾認爲正確的做法是：「好事是做了，但是，在內心裏，做與沒做一樣，始終是清淨的。中國人講『救人一命，勝造七級浮屠』，救人一條命的功德比蓋一座廟塔的功德還大。假如你救了人一命，真這麼想而沾沾自喜的話，那就不是清淨妙行了。做了就做了，管他七級浮屠還是八級浮屠。」

第十一課 只有學問，沒有門派

1 學佛要從科學角度出發

南懷瑾說：「佛法是智慧之學，不是盲目的迷信，也不是呆板的功夫。真正的智慧不是根據我們的意識妄想去推測的。」

南先生在講解《圓覺經》時說：「《華嚴經》上，佛說十地以上的菩薩才有資格轉生爲治世的帝王以及大魔王，其中的道理很深。目前可以說沒有一個帝王可以轉變這個世界，以未來的趨勢看，不可忽視科學的力量。一個新的理論出現，馬上可以使整個世界改觀，在科學上的成就也是最高的智慧，也是菩薩，並不簡單！不要以爲慈眉善目坐在那裏不動才是菩薩。」

在一個寒冷的冬天，四處雲遊的丹霞禪師來到了洛陽。

有一天，丹霞禪師正在路上行走，天上突然下起了大雪。天氣實在太冷了，丹霞禪師就跑到附近的寺廟裏去避寒。

禪師走進寺廟的時候，感覺自己都快凍成一塊冰了。他看到供著香火的殿上有好多木佛像，就毫不猶豫地拿了一個，並點燃了它，開始烤火取暖。

正在這時候，寺廟的住持來了。

住持看到一個人正在燒佛像，而且是一個和尚，又驚又怒，立即大聲叱責道：「哪裡來的瘋和尚，竟然敢燒佛像！」

丹霞禪師用木杖扒了扒灰燼，慢條斯理地說道：「我想燒了這木頭之後，取它的舍利子。」

住持餘怒未休地說：「當真是個瘋和尚嗎？木佛像裏怎麼會有舍利子呢？」

丹霞禪師淡淡一笑，平靜地說：「你也知道木佛像裏沒有舍利子啊，那就讓我再拿幾個木佛像來燒吧，我實在太冷了！」

南懷瑾先生說：「真正學佛法，並不是叫你崇拜偶像，叫你迷信。應無所住而行佈施，是解脫，是大解脫，一切事情，物來則應，過去不留。等於現在引磬一敲，下樓就是下樓，《金剛經》還是歸《金剛經》，你還是你，如此應無所住。」

南先生在講解佛理時曾說：「有這種理就有這種事實，有這種事實就有這種理。懂了佛法的道理，功夫就要做到，做不到那就有礙。而有此事必有此理，若不懂此理，那是學問不夠；有此理必有此事，若沒有見過此事，那是經驗不夠。有很多人將自己不懂的事或沒有見過的事，就輕易判定爲迷信。但是『知之爲知之，不知爲不知』，不能隨便將不知道的事說成沒有，這是我們做人、做學問應有的態度。」

弘一法師曾應邀前往上虞法界寺，住在一套供平常僧人淨修的禪房。禪房的外間供養著佛祖，裏屋卻是一處極為安靜的地方。但是弘一法師在這裏卻是體格日衰，尤其是鼠類攪擾，令人晝夜不得安寧。

一天夜裏，弘一法師洗筆掩卷，吹滅了油燈，剛想睡覺，這批老鼠就像入了無人之境，在房間裏上躥下跳、吱吱亂叫。已經是深夜了，法師只好披上外衣，拖著草鞋，點燃小油燈，上上下下照了一遍。

這一照，弘一法師不禁大驚失色，老鼠不僅把弟子為他新做的僧衣咬出了幾個洞，連佛像的手足也啃得像大鳳梨似的，坑坑窪窪；這還不算，竟敢在如來佛的手心裡拉了許多黑色的糞便。

「罪孽！罪孽！」弘一法師喃喃自語，心中感到非常難過。小小鼠輩竟然欺凌佛祖！既不能「殺生」，又要擯棄煩擾，怎麼辦呢？

「啊，有了。」弘一法師眼前一亮，心想：記得昔日先賢有「畏鼠常留飯，憐蛾不點燈」之說，為什麼不能把用來養貓的剩飯餵老鼠呢？這樣就可以去除鼠患了……想到這裏，弘一法師吹滅了燈，回到裏屋睡下，任由群鼠在外面鬧翻了天。

第二天，寺裏的小沙彌送來了早飯。弘一法師在自己未吃之前，先把飯菜的大半撒與佛像下，午飯也是這樣。

弘一法師這樣一直把自己的早飯和午飯都分出來一些以餵養那些老鼠。果然，群鼠漸漸被「馴服」了，再也不爬到佛像上拉屎了。

佛法的智慧並非教人去盲目崇拜某個偶像，佛教中有很多思想都是與我們的生活息息相關的。有人曾在弘一法師面前說佛法是糊弄人的封建迷信，沒有任何可取之處。弘一法師對此的反應只是一笑了之，和藹如初。就在這一淡然的微笑中，所有的詆毀和猜忌都頃刻間崩塌。後來，那個污蔑佛法的人也成了弘一法師的弟子。

《金剛經》中說：「如來是真語者、實語者、如語者、不誑語者、不異語者。」南先生對這句話的解釋是：「佛說法是真實的，不說假話，說的是老實話，實實在在，是什麼樣子就說什麼樣子。」

南懷瑾先生說：「佛經很有意思，你說佛法是科學呢，還是宗教呢？例如《楞嚴經》講到明心見性的問題，有『七處征心，八還辨見』，非常科學，非常合乎邏輯。但是，到了中間講到修行的問題，佛告訴我們要念一個楞嚴咒，還要佈置一個壇場，這就不能拿科學來解釋了。」

正因爲如此，南懷瑾先生才告誡我們，在學佛的時候不能太死板，要從科學的角度出發。

2 不識本心，難以開悟

佛說：永斷無明，方成佛道。南懷瑾先生解釋說：「無明是佛學的名詞……大無明就是一切的大疑問，學佛不從這裏入手，一切都是空事，沒有用。不識本心，學法無益，此是因地法門。」

南懷瑾先生說：「我們心念的來去，以及思想情緒控制不住，自己做不了主，反而做了思想情緒的奴隸，這些妄想煩惱從哪裡來？是唯心？是唯物？是生理？是心理？自己永遠搞不清楚，這就是無明。假如這個因地法門認識不清，只求佛保佑，求佛加庇，說老實話，這正是無明煩惱。」

蘇東坡在江北瓜州地方任職的時候，經常和金山寺的住持佛印禪師談禪論道。

有一天，蘇東坡覺得自己修持有得，就隨興寫了一首詩：「稽首天中天，毫光照大千；八風吹不動，端坐紫金蓮。」寫完後，就讓人送去給佛印禪師看。

佛印禪師很快就把批示過的詩送了回來。蘇東坡以為禪師一定會對自己修行參禪的境界大加讚賞，於是他急忙打開了禪師的批示。這一看，蘇東坡十分氣憤，立即就起身要去金山寺找佛印禪師理論。原來，佛印禪師給他的批示只有「放屁」兩個字。

蘇東坡趕到金山寺的時候，佛印禪師已經在那裏等著他了。

蘇東坡氣呼呼地說：「禪師！我們好歹也是至交好友，你不滿我的詩和我的修行也就算了，怎麼能夠罵人呢？」

「罵你什麼呀？」禪師若無其事地說。

蘇東坡就把禪師批的「放屁」兩字拿到他面前。

「哦！你不是說『八風吹不動』的嗎？怎麼一個『屁』字就讓你這麼快趕來了呢？」佛印禪師笑著說。

蘇東坡慚愧不已。

南懷瑾先生常常對修道的人說：「你們在山上打坐很有道，很清淨。但一下山來，我招待你到夜總會、歌廳、舞廳走一趟，保證你那蓮花座的花瓣一瓣一瓣地掉下來。可以出世卻不能入世，可以入佛卻不能入魔，就有所障礙了，不算真解脫。」

人的生活本來是自由的，但爲了追求欲望，往往犧牲珍貴的自由。人有六根，生而有之，我們不能完全斷卻六根，所以，要想獲得平靜和自由，就應該使我們的心保持純淨，不受外界的影響，只有這樣，才能達到真性情、常自在。心不受外物干擾，以靜制動，以定制惡，故而就不會苦惑於外界的任何侵入。

有一個年輕僧人千里迢迢來向一位得道禪師請教：「禪師，我學禪多年，但仍不能開悟，尤其對經書上所說的地獄與天堂深深懷疑。除人間外，哪裡會有什麼天堂地獄呢？」

高僧並沒有立刻回答他的問題，只叫年輕僧人去河邊提一桶水來。水提來了，高僧對年輕僧人說：「你看看水桶裏面，也許會感覺到地獄與天堂的不同。」

年輕僧人疑惑地盯著桶裏的水看，看了半天也沒有發現什麼。年輕的僧人正要發問，禪師突然將他的頭摁到水裏，年輕僧人痛苦地掙扎著，就在他快要窒息的時候，禪師鬆了手。

解脫痛苦的年輕僧人大口大口地喘息著，他生氣地責怪禪師道：「枉別人說你佛法高深，稱你為禪師，沒想到你卻如此粗魯！你難道不知道在水裏無法呼吸，那痛苦像在地獄一樣嗎？」

禪師對年輕僧人的態度毫不在意，平和地問道：「現在，你感覺如何？」

「現在？我可以自由呼吸，感覺好像在天堂！」年輕僧人似有所悟地說道。

高僧莊嚴地說道：「只一會兒工夫，你已從地獄天堂回來了，為什麼你還不相信它們的存在？」年輕僧人恍然大悟，向高僧道歉和道謝後，飄然離去。

是天堂還是地獄，全在於人的內心感受。有一位學佛者曾說道：「思量人間的善事，心就是天堂；思量人間的邪惡，心就化爲地獄。心生毒害，人就淪爲畜生；心生慈悲，處處就是菩薩；心生智慧，無處不是樂土；心裏愚癡，處處都是苦海。」

外部的自然環境、名利財富，世上人們的遭遇、苦苦追求的目標……這些都是外物。很多人因爲得到一些東西而開心，得不到就傷心失望，這是被這樣東西牽絆住了內心的自由；或者因爲大家都去爭取一樣東西，怕被別人嘲笑自己落伍而去跟風追求，這是被別人的看法牽絆住了內心的自由。

南懷瑾先生說：「有些修行做功夫的人到達了清淨的境界，沒有雜念妄想，但是，見解不透徹，認爲清淨才是道，認爲不清淨、不空則不是佛法。於是，自己把自己給障礙住了，『故於圓覺而不自在』，對於不垢不淨的圓覺自性沒有認識清楚，執著於空，執著於清淨，不能自在，不能算是大徹大悟。」

3 學法還要會思考

南懷瑾先生在講解《圓覺經》時說：「真正學密宗要先瞭解教理，《菩提道次第廣論》中有句『周遍尋思』，即用自己的智慧去研究、去思想、去參究，每一個理都要懂，都要想透，而且要很精密，不能遺漏。再經過修證，這樣才能發起寂靜當中的智慧。」

慧能禪師有一次在別人家借宿，午後忽然聽見有人在念經。當慧能禪師仔細傾聽的時候，發現有很多錯誤的地方。於是，慧能禪師就去找那個念經的人，問他：「你平時誦讀經文，對它們的意思都瞭解嗎？」

那個念經的人搖了搖頭，答道：「有一些實在難懂。」

慧能禪師就把那人剛才誦讀的部分作了詳細的解釋。之後，那人就問慧能禪師佛經上幾個字的解釋。慧能禪師擺了擺手，笑著說：「我不識字，你還是直接問我意思吧。」

那人吃驚地說道：「你連字都不認識，又是怎麼理解佛理的呢？」

慧能笑著說：「就像人們在騎馬的時候手中握的韁繩，實際上是給那些初學者準備的，等到熟練的時候，韁繩是可有可無的。學佛也是一樣，文字只是工具，對佛理的理解靠的是悟性，是心。」

那個人終於有所領悟。

南懷瑾說：「有些人有學問，可是沒有智慧的思想，那麼就是迂闊疏遠，變成了不切實際的『罔』了，沒有用處。如此可以做學者，像我們一樣——教教書，吹吹牛，不但學術界如此，別的圈子也是一樣。相反，有些人『思而不學則殆』。他們有思想，有天才，但沒有經過學問的踏實鍛鍊，那也是非常危險的。許多人往往倚仗天才而胡作非爲，自己誤以爲那便是創作，結果陷於自害害人。」

有一天，一位禪師給自己的三個弟子出了一道題目，讓他們參研。

他對弟子們說：「我這裏有一句詩：綿綿陰雨二人行，怎奈天不淋一人。你們來說說，為什麼『不淋一人』呢？」

一個弟子回答說：「肯定是因為他們其中一個人穿著雨衣，所以沒淋到雨。」

禪師沒有作任何點評，只是緩緩地搖了搖頭。

另外一個弟子說：「那肯定是一場局部陣雨，這邊下雨了，另一邊卻沒有下雨，所以才會有一個人淋不到雨。雖然這種情況並不常見，但也不是沒有。」

禪師仍然微笑著點搖了搖頭。

這時，第三個弟子得意地說：「你們說的都不對，這個道理太簡單了，有一個人是走在屋簷下的，怎麼會淋到雨呢？」說完，他很自信地看向禪師，他認為禪師一定會讚賞他的答案。

但禪師只是微笑著看了看他，仍然是搖頭不語。

正當三個弟子迷惑不解之際，禪師緩緩開口說道：「對於你們三人的答案，我都不是十分滿意，因為你們都執著在『不淋一人』這一個點上。所謂的『不淋一人』，不就是說兩個人都在淋雨嗎？」

過了一會兒，禪師接著說：「你們每天跟在我身邊參悟佛法，卻總是沒有進展，知道是為什麼嗎？就是因為你們鑽牛角尖，把對佛法的理解都只停留在文字表面。」

三個弟子聽後，都慚愧地低下了頭。

南懷瑾告誡學佛的人說：「你們光曉得敲個木魚，不去參究，那有什麼用？念經要一邊念一邊參究才是功德無量，否則你念經與念石頭沒有兩樣。」他還說：「看佛經應該像看劇本一樣地看，才能進入經典的實況，才會有心得。我說把佛經當劇本看，不是不恭敬，你不進入這個情況，經典是經典，你是你，沒有用。」

4 一切皆可為佛法

南懷瑾先生說：「耶穌的道，佛的道，穆罕默德的道，孔子的道，老子的道，哪個才是道？哪個道大一點？哪個道小一點呀？真理只有一個，不過呢，佛經有個比方，如眾盲摸象，各執一端。」

峨山禪師是白隱禪師的得意門生。

有一天，一位年輕的大學生在拜訪峨眉禪師的時候問他：「你讀過基督教的《聖經》嗎？」

峨山禪師回答說：「沒有，你讀一點給我聽聽。」

那個大學生就拿出《聖經》，挑了「馬太福音」的一些章節來讀：「何必為衣裳憂慮呢？你想田野裏的百合花怎麼長起來？它也不勞苦，也不紡織，然而我告訴你們，就是所羅門極榮華的時候，他所穿所戴的，還不如這一朵花哩！所以不要為明天憂慮，因為明天自有明天的憂慮。」

讀到這裏的時候，峨山禪師說：「我認為說這話的人是一個有所悟的人，不管他是誰。」

這位大學生繼續讀道：「求則得之，尋則見之，叩則開之。因為，不論何人，皆可求得、尋見、叩開。」

峨山禪師聽後，誠懇地說：「很好，雖然我不知道說這話的人是誰，但我認為他已經是一個距成佛不遠的人了。」

南懷瑾說：「瞎子來摸象，摸到了那個象耳朵，認爲象就是圓圓的；摸到尾巴的時候，象就是長長的。所以一般講眾盲摸象，各執一端，都是個人主觀的認識，以爲這個是道，那個不是道。」

南先生還告誡我們說：「學佛的人不應該犯這個錯誤，因爲是無有定法可說，所以真正的佛法能包涵一切，一切賢聖，皆以無爲法而有差別。真理只有一個，沒有兩個，不過他認識真理的一點，認爲這一點才是對的，其他錯的，其實是他錯了。真正到達佛境界的是包容萬象，也否定了萬象，也建立了萬象，這是佛境界。」

唐朝一位禪師帶著兩個弟子到山上參禪，山上有兩棵樹，一棵茂盛，一棵已經枯萎。

禪師想要借此點化他們，就問道：「這兩棵樹是榮的那棵好，還是枯的那棵好？」兩個弟子各執己見，一個說：「榮的好。」另一個說：「枯的好。」禪師聽後只是搖了搖頭。

這時又來了一個小和尚，禪師又問他同樣的問題，小和尚回答說：「榮有榮的好，枯有枯的好。」

禪師笑著點點頭說：「我們平常所指的是非、善惡、長短，都是從常識上去認識的，都不過停留在分別的界限而已。而小和尚卻能從無分別的事物上，去體會道家的無差別性，所以榮有榮的道理，枯有枯的理由。」

南懷瑾先生說：「有些人學了佛以後，非常小氣，皈依佛，不拜邪魔外道。我有時候到鄉下去，看到土地廟，那個土地公是用泥巴捏的，我也很恭敬地行了個禮。人家說你學佛的人，何必呢？我說我不管那一套，活著做好人，死後還做個土地公，我還不一定是好人，死後土地公還可能管到我呢！我先結個善緣不是蠻好嘛！你們學了佛，皈依三寶，就了不起了，你自己才是活寶呢！這是真話。」

人一旦有了差別之心，就會在心裏爲事物下一個定義，從而影響客觀的判斷。

彌子瑕是衛國的一名美男子。年輕的時候在衛靈公身邊為臣，深受衛國國君的寵愛。

衛國的法律規定，私自使用國君的車子，要處以刖刑（把腳砍掉）。一次，彌子瑕的母親病了，從人夜裏急急地奔告彌子瑕。彌子瑕急於見母親，便謊稱君令，駕用了國君的車子。

國君知道了這件事後，覺得彌子瑕十分賢德，說：「彌子瑕真是孝順啊！因為母親的緣故竟然忘了自己會遭刖刑。」

又有一天，彌子瑕和國君一起到果園裏遊玩。彌子瑕摘了一個桃子，吃了一口覺得很甜，就把剩下的桃子給國君吃。

國君說：「彌子瑕真是很愛我啊！不顧自己的喜歡，把東西給我吃。」

後來，彌子瑕年老失寵，得罪了衛君，衛君說：「他曾私自駕我的車子，還給我吃他自己吃剩下的桃子。」並認定彌子瑕以前做的事都是對自己的大不敬。

南懷瑾先生到了基督教堂一樣很恭敬。他在講佛法時，幽默地說：

「基督總是個好人嘛！總叫人家去做好事，也叫歐洲人、美國人、白種人都要做好事。好人嘛，排排座，請上坐，吃果果，給他磕個頭。學佛的人，第一個胸襟要大。所以，學佛，第一要學這個人，學常開笑口、放大度量的菩薩，就是肚子要大一點，包容萬象，對任何人都是慈悲笑容，這個就是佛法。」

佛法中說：「一切賢聖皆以無爲法而有差別。」南懷瑾先生對此作了舉例說明：

「譬如，我們現在講一句話，教書及當學生久了的人，都有這個經驗。在課堂上講一句話，下面一百個聽的人感受的程度都不同，理解的也不同。甚至有許多話，筆記記下來，觀念都是灰色的，變樣很多。這就是說，人的智慧和理解各有不同，也因此才有各種宗教、各種層次智慧的差別不同。」

5 學無常師，多方求教

佛法中有「學無常師，以法爲師」之說。

南懷瑾先生一生曾向無數人請教學問。有一次，他路過樂山的烏尤寺時，認識了當時正在寺中辦復性書院的馬一浮居士。

馬先生是「新儒學」的典型代表，在當時很有名氣，是「新儒學」的一代大師。南懷瑾對馬先生仰慕已久，就激動地投上自己的名帖，想要拜訪他。馬先生打開書院的大門，讓人恭敬地把南懷瑾領進門。

兩人說了一些客套話後，南懷瑾便有意想要試探一下馬一浮的學問。於是，他問馬先生說：「聽說馬先生在著作中說，靈光獨耀、迥脫根塵是果位上事，有嗎？」

「那是當年的著作，現在看來統統是葛言藤語，老朽很想把從前的著作都燒了。」馬先生淡淡地說。

南懷瑾一聽，立刻起身向他恭敬地行禮，並說：「先生言重了，是我多嘴胡鬧。」

南懷瑾先生曾說：「至於孔夫子，不管對於哪一樣中國文化的精神，樣樣他都有。如果問他的老師是哪一位，那是沒有的，誰有長處，他就跟誰學，所以無常師。這也是爲什麼他能講出『三人行，必有我師』的話。」

不管是在佛教的寺廟中，還是有關佛教的壁畫上，我們經常會看到在觀音菩薩像側立著一個天真活潑的可愛童子，他就是我們所說的「善財童子」。佛經上所說的善財童子與《西遊記》中描述的有所不同：

傳說善財童子出生在沿海福城的一個非常有德行的大戶人家，老兩口晚年得子，因此對這孩子十分疼愛。又因為這孩子出生的時候，家裏憑空多出了許多珍寶，占卜的人就對老兩口說：「這嬰兒的福德大，還為你們帶來了財寶，為他取名『善財』是再合適不過的了。」

因為善財生來就聰明活潑，又很懂禮貌，長輩們對他都十分喜愛。然而，讓家人擔心的是，善財一心想做一位追求真理的人，他不喜歡聽關於「發財」的事。他還常常拿一些財寶去供養那些愛好真理的人們。

善財童子曾有「五十三參」，也就是參拜了五十三位擁有不同知識學問的人，其中有男子、女子、老人、小孩，有比丘、居士、外道，也有廚師、設計師、小學教師，還有航海家、音樂家、醫藥家、商人等。

善財七八歲的時候，有一天在家門口玩耍，看到一個十五六歲的童子騎在一頭青獅的背上，後面還跟著一群小孩子，他們歡喜活躍，而且個個穿戴整潔，浩浩蕩蕩的隊伍看上去好不威風。

善財看著也感到非常高興，但是他同時又覺得奇怪，就上前請教他們說：「你們日子過得這麼好，為什麼不管眾生苦難呢？你們能告訴我怎樣才能解脫眾生苦難嗎？」那群孩子沒有一個能回答他的問題，因此誰也沒有理他。善財再三向他們請教，結果依然是無功而返。

善財呆呆地望著那一行人走遠，他想不通為什麼有的人很窮，有的人卻很富有，後來竟急得哭了起來。哭完了又自言自語地說：「我明天一定要去找他們，弄明白怎樣才能解脫眾生苦難。」

善財在求學時期，除了常去聆聽哲學家演講外，還會去參訪文殊菩薩，並虛心請求文殊菩薩教導他奉行普賢行的方法。從文殊菩薩那裏，他懂得了人生的真義，並發願行菩薩道，直至最後成佛。

由於不吝向各行各業的人請教，善財從思想、道德、技藝上獲得了捨己為人的堅定思想，後來他就隨同觀世音菩薩造福人間。

每個人都有自己的一技之長，即使是身分低微的人，也有值得我們學習的地方。

伊尹曾經是莘國君的奴隸，因為地位卑微，沒有人認為他會有什麼學問，但他確實很有學問。莘國君看伊尹燒得一手好飯菜，就安排他到廚房當廚師。伊尹常借招待賓客之機，從他們口中瞭解天下大事，並在心中對這些資訊加以歸納和分析。

後來有一天，商湯王的左相仲虺因公事從莘國經過，並在莘國逗留了數日。借招待仲虺的機會，伊尹多次與他接觸。仲虺在交談中發現伊尹是個難得的人才，回國後，仲虺便將伊尹的詳情稟告給了商湯，並借聯姻之機，要求讓伊尹作陪嫁奴隸。伊尹就這樣來到了商湯的家中。

但商湯仍讓伊尹去當廚師，因為他覺得一個奴隸不可能有多大本領。有一次，伊尹故意將幾樣給商湯吃的菜蔬做得要麼淡而無味，要麼鹹不入口。商湯對此大為不滿，就把伊尹叫來責問。

伊尹便趁機對商湯說：「大王，你也知道，菜過淡則無滋味，過鹹則難於下嚥。治理國家不也是這樣的道理嗎？既不能操之過急，又不能鬆弛懈怠，急則生亂，懈怠必然國事荒疏。」

見商湯聽得聚精會神，伊尹便繼續說：「如今，夏王桀昏庸暴虐、荒淫無度，黎民百姓飽受其苦，恨之入骨，民心盡失。而大王您伸張正義，以仁德治國，已是眾望所歸。您何不適時起兵，伐夏救國，拯救萬民於水火之中，成就驚天動地的偉業呢？」

商湯這才發現伊尹是個傑出人才，當即任命他為右相，並宣布解除他的奴隸身分，讓他與仲虺一同輔佐朝政。

南懷瑾在講《金剛經》時說：「一切的大師，乃至到了華嚴境界，連一切的魔王邪王都對了一點。只要你教人做好事，這一點終歸是對的。所以，一切賢聖，羅漢也好，菩薩也好，你也好，他也好，對於道的瞭解，只是程度上的差別而已。」

第十二課 自由自在佛，逍遙人世間

1 不住於相，處處自在

慧能大師有詩云：「菩提本無樹，明鏡亦非台；本來無一物，何處惹塵埃。」

《金剛經》中有句話說：「一切有爲法，如夢幻泡影。」南懷瑾先生在講解這句話時說：「當夢幻來的時候，夢幻是真；當夢幻過去了，夢幻是不存在的；但是夢幻再來的時候，它又儼然是真的一樣。只要認識清楚，現在都在夢幻中，此心不住，要在夢幻中不取於相，如如不動，重點在這裏。」

丹霞天然禪師自幼學習儒家經典，原本打算進京參加科考，卻在路上遇到了一位行腳僧。僧人問他：

「您這是要到哪裡去？」

「趕考去。」天然禪師回答說。

僧人說：「趕考怎麼能比得上選佛呢？」

天然禪師就問：「選佛要到哪裡去參選呢？」

僧人回答他說：「現在江西的馬祖道一禪師出世，他那裏就是選佛的場所，您可以到那裏去。」

於是，天然禪師就改道南行，毅然放棄了赴京趕考的打算，直奔江西去參拜馬祖禪師。

他向馬祖禪師表明來意後，馬祖禪師就勸他前往湖南石頭希遷禪師那兒參學，並對他說：「南嶽石頭是你的老師。」

天然禪師又趕到南嶽，見到石頭和尚就說請他為自己剃度。石頭和尚並沒有立即給他落髮，只是說：「你到糟廠舂米去吧。」天然禪師就在廚房幹了三年的雜活。

後來有一天，石頭和尚讓大家去除佛殿前的雜草。大家紛紛拿起工具去忙活，只有天然禪師端著一盆水，當著石頭和尚的面在大殿前的一塊石頭上洗頭，洗完後還合掌跪拜。

石頭和尚一見他這個樣子，就哈哈大笑起來，欣然為他剃度。

天然禪師開悟後，又去江西拜見馬祖禪師。他徑直來到僧堂內，騎坐在菩薩像上，眾人一看，嚇了一跳，趕忙把這件事報告給馬祖禪師。馬祖一見是他，便笑著說道：「我子天然。」

天然禪師就立即從菩薩身上跳下來，向馬祖禪師行禮後說：「多謝大師賜我法號。」天然禪師的名號就由此而來。

任性自然的人生態度不僅是一種灑脫，更是一種境界。南懷瑾先生講述說：

「小時候我家有個廟子，從宋朝傳了幾百年下來的家廟，歷來曾經出過很多高僧。我父親告訴我，其中有位高僧的對子很好：得一日糧齋，且過一日；有幾天緣分，便住幾天。這是做一天和尚撞一天鐘，和尚去了廟子空的灑脫境界。人生若有如此解脫的心境，那麼對自己一輩子的因緣遭遇便能處理得非常美滿了。」

「最近，我發現年輕的同學特別喜歡學佛修道，我都有些擔心。我常常跟年輕的同學們談，你年紀輕輕，學這個幹什麼？」南懷瑾告誡年輕的學佛者說，「我這個話你不要難過，這有兩重意義：首先，世界上什麼都容易學，唯有學佛是最難最難的事；第二重意義，人生畫虎不成反類犬，老虎沒有畫成反畫成了狗，學佛學不成，我不曉得你會變成什麼！所以，希望你先把做人的道理完成，再來搞這個學佛的事。但是既然要學佛，千萬要注意『不住於相』四個字。一住相，就什麼都學不成了。」

宋代有一位居士名叫張九成，之前中過狀元，在朝廷裏做侍郎。張九成非常喜歡談禪說道。當時有很多文人墨客都學佛參禪，但是他們的動機大多是附庸風雅、排憂解乏，鬧著玩的。因此，他們之中十個裏面有九個都是學佛不知佛，談禪不知禪。

張九成也是他們中的一個，雖然讀過很多禪學佛典，但始終無法理解其中的真意，也就是佛家說的「不開悟」。

有一天，張九成去拜訪當地有名的妙喜禪師。妙喜禪師問他：「你來做什麼？」

「打死心頭火，特來參喜禪。」張九成答道。意思就是來向妙喜禪師請教禪理。

妙喜禪師一聽就知道他機緣未至，根基不深，便說道：「你起得這麼早，難道不怕家裏的妻子同別人睡覺嗎？」

張九成頓時火冒三丈，氣呼呼地罵道：「你這個愚昧無知的老禿驢，虧你還是一個出家人，怎麼敢說出這種話來……」

「我輕輕這麼一扇，你就發這麼大的火，這樣怎麼能參禪呢？」妙喜禪師用手勢止住他說道。

妙喜禪師接著說：「秋月常被人輕視，大海常被人唾罵，明鏡常被人挫傷。可是有誰見它們生過氣、發過火？它們總是安然不動，泰然處之；它們對外界的事物聽時不惑，聞而未聞，事過不留。這是為什麼呢？因為它們的本體之心一片空靈，既剛又柔，既深又廣，能容納並超越一切。所以它們能忍人之所不忍，見人之所未見……與人為善、張口即佛，天天都是好日子，人人都是菩薩。這樣的話，又怎麼能被外緣所牽動呢？」

南懷瑾先生教導我們說：「『不住於相，如如不動。』這才是真正的學佛。所以，有許多年輕人打坐，有些境界發生，以爲著魔了。沒有什麼魔不魔！都是你唯心作用，自生法相。你能不取於相，魔也是佛；住相了，佛也是魔。」

南懷瑾在講佛經時說：「當你在夢中時，要不住夢於相；當你做官時，要不被官相困住；當你做生意時，要不被鈔票困住；當你要兒女時，這個叫爸爸，那個叫媽媽，要不被兒女騙住；要不住於相，如如不動，一切如夢幻泡影。」

2 人生鹹淡兩由之

南懷瑾先生說：「只要到婦產科去看，每個嬰兒都是四指握住大拇指，而且握得很緊；再到殯儀館去看，結果，那些人的手都是張開的，已經鬆開了。人生下來就想抓的，最後就是抓不住。」

有一次，弘一法師的好朋友夏丏尊先生前來拜訪。吃飯時，見弘一法師只吃一道鹹菜，夏先生不忍心地說：「難道您不嫌這鹹菜太鹹嗎？」弘一法師回答說：「鹹有鹹的味道！」

過了一會兒，弘一法師吃完後，手裏端著一杯開水。夏先生又皺皺眉頭道：「沒有茶葉嗎？怎麼每天都喝這平淡的開水？」弘一法師又笑一笑說：「淡也有淡的味道。」

弘一法師出家之前對自己的好友和學生們說：「余明日入山，相聚只今夕，公等幸各自愛。」大家聽他這麼說，知道他出家的心意已決，不免相對而泣。

忽然，中間有一位朋友問道：「君果何所為而出家乎？」當時弘一法師的回答是：「無所為。」朋友又問：「忍拋骨肉耶？」弘一法師回答說：「人事無常，如抱病而死，欲不拋又安可得？」第二天天一亮，弘一法師就毅然入山出家了。

豐子愷先生曾評價弘一大師：當教員，是個好老師；做名士，是個真名士……做一樣，像一樣，就因爲他做一切事都心無旁騖、認真投入的緣故。試問，一個嫌苦怕鹹、心存掛礙的人，能有如此修行嗎？人生本如此，鹹淡兩由之，這也是一種生活的藝術。

洞山良價禪師知道自己遠行的日子就要到了，便命人為他剃髮披衣，撞擊起寺院的大鐘，在集眾開示後安然坐化。眾弟子放聲嚎哭，哭了足足一個時辰。結果，洞山聽到弟子的悲嚎，突然睜開眼睛復活了。

他從座位上站起來說道：「出家之人，心裏不要為虛幻的外物所牽制，這才是真正的修行。生時操勞，死為休息，為什麼要悲傷哭泣？」

七天後，洞山命主事和尚辦愚癡齋，以罰責大家不能忘情。洞山和眾僧一起戒齋，七天之後，叮嚀他們說：「這次不要再像上一次那樣了。」次日，洞山端坐著圓寂了。

南懷瑾說：「學佛的人都想了生死，怎麼樣是真正的了生死呢？我告訴諸位一句話：本無生死之可了，那才能夠了生死。」

有好多天，有一個年輕禪師獨坐房中參禪，整日靜默不語。禪師的師父看出他很困惑，就讓他跟隨自己走出院門。院子外面，風光大好，正是秋高氣爽的時候，放眼望去，天地間的空氣清新潔淨，淺金色的樹葉，飛掠而過的小鳥，汩汩流淌的溪水，一陣清風拂過，舒爽微涼……

禪師深深地吸了一口氣，轉回頭尋找師父，師父正坐在溪邊的一塊大石頭上閉目打坐。禪師雖然納悶，不知師父葫蘆裏賣的什麼藥，但還是跟隨師父在一旁打起坐來。整整一個下午，師父沒說一句話，到了傍晚，他起身領著年輕禪師回寺。

剛到寺門，師父突然跨前一步，輕掩兩扇木門，把禪師關在了門外。年輕禪師不明白師父的意思，獨坐門外開始思考。天色很快就暗了下來，霧氣籠罩了四周的山岡，樹林、小溪、鳥語水聲也不再明晰。

等到天色完全黑下來，師父突然在院子裏大聲地叫著年輕禪師的名字。禪師推開寺門，走了進去。師父問他：「外面怎麼樣？」

「全黑了。」

「還有什麼嗎？」

「什麼也沒有了。」

「不，」師父說，「外面的清風、綠野、花木、小溪……一切都在。」

如果我們多關注一點快樂，我們的生活中就會充滿開心和陽光；如果我們僅僅盯著痛苦，我們的生活就會充滿不幸和抱怨。我們的生活有時候就像那夜晚的風景，當你被黑暗遮住眼睛的時候，你會覺得什麼都沒有了。事實上，所有的一切都沒有消失，只是我們沒有看到而已。只要一轉身，仔細地傾聽，就會發現，不論在生活中失去了什麼，我們仍然擁有很多。

3 順其自然是最為美好的生存方式

佛法云：一切隨緣，順其自然。

南懷瑾在講《金剛經》時曾說：「佛經上有這麼一個比喻，說有一種鳥叫巢空鳥，牠不棲在樹上，牠的窩在虛空中，在虛空中生蛋，在虛空中孵小鳥，歸宿也在虛空中。這個鳥永遠捉不住，來去無蹤，所以叫巢空鳥。本來鳥在虛空中飛，飛來飛去不留痕跡……水上的波紋劃過了，也沒有了。水波紋是你看到的，不能說沒有，但是它過後就沒有了。所以這些都是『偶爾成章似錦雲』，都是偶爾構成了文章，或一幅美麗的圖畫。」

小和尚跟老和尚出去歷練，倆人漫無目的地行走著。

走著走著，小和尚突然停下腳步對老和尚說：「師父，咱們這樣走要走到什麼時候啊？」老和尚微微一笑：「等你明白的時候。」

這日，他們路過的地區正在發洪水，倆人急忙走到一座小山上避險。

看到山腳下的水位越來越高，小和尚苦著臉對老和尚說：「師父，咱們還是走吧，這裏太危險了，洪水馬上就要衝上來了。」

老和尚搖搖頭，對他說道：「山下就沒有洪水了嗎？不要害怕，一切都會過去的。」小和尚沒有辦法，只有日夜念佛，祈求佛祖保佑。

三天之後，洪水終於退去。老和尚笑著對小和尚說道：「三天之前，你可曾想到今天洪水會退去？」小和尚撓了撓頭，若有所思地看著遠方。「記住，不管遇到什麼事情，不要驚慌，一切都會過去的。」老和尚語重心長地說道。

南懷瑾在講佛經時說：「禪宗祖師還有一句話：『如蟲禦木，偶爾成文。』有一隻蛀蟲咬樹的皮，咬出的形狀構成了花紋，使人覺得好像是鬼神在這棵樹上畫了一個符咒。其實那都是偶然撞到的，偶爾成文似錦雲，有時候也蠻好看的。這就說明，一切聖賢說法以及佛的說法都是對機說法，這些都是偶爾成文，過後一切不留。」

有一個美麗的女孩，偶然得到了一個神秘的寶盒。寶盒做工精美、花紋古樸，一看就知道不是凡品。女孩非常想知道裏面裝著什麼寶物。

過了一段時間，女孩還是沒能打開這個神秘的寶盒，這也使得女孩想要打開寶盒的心情愈加迫切。一個寧靜的夜晚，女孩把玩著寶盒，一個不小心，無意中打開的寶盒從手中滑落，墜落到地上。一個晶瑩如水的水晶球悄然碎裂，散落的光華墜落一地，頓時，絢麗的光芒開始在屋內閃爍。在那一瞬間，女孩被震驚了，她太喜歡這個水晶球了，可惜的是第一次看到就碎裂了。

之後，女孩一直希望有一天能再次擁有一顆同樣璀璨的水晶球。

一晃過了好幾年，女孩還是沒有得到能和那個美得像夢一般的水晶球相媲美的。其間有很多想獲得女孩垂青的人也送過她水晶球，但是沒有一個能讓女孩滿意。女孩決定繼續等下去，只為了曾經存在於心裏的經典。

又是幾年過去了，那些曾經送水晶球給女孩的人，都把水晶球送給了別的女孩。女孩對此報以冷笑，對這些女孩的品味表示懷疑。多年的等待和孤單已經使女孩非常疲憊了，但她還是不想放棄那絢麗的光芒。

同樣的夜晚，她再次來到當初得到水晶球的地方，祈求能有奇蹟出現。當她禱告完後，奇蹟果然出現了，一個同樣完美的水晶球出現在她的腳下。女孩發現，水晶球周圍的一切是如此美麗，她覺得自己這些年的孤單和等待全部都是值得的。

太陽出來的時候，女孩再次拿出水晶球欣賞，卻突然發現水晶球不再閃亮剔透，表面上只是被塗了一層螢光粉而已，擦掉螢光粉後，只是一個價格低廉、隨處可見的玻璃球。

女孩呆若木雞，她不明白，為什麼原本美好的東西會變成這樣。她不敢相信，自己翹首苦盼的經典竟是這樣。

女孩找到了一個有名的智者，向他請教。

智者微笑著告訴她：「塗了螢光粉的玻璃球，在晚上都很漂亮；但是失去了螢光粉的玻璃球，一點光也不會發出。當你明白了它的本質以後，你還會繼續那麼喜歡它嗎？即使它是真正的水晶又怎麼樣呢？人不應該去追求一個虛幻的東西，更不應該為了它而錯過身邊的美好。」

眼前擁有的美好總是得不到真正的重視，而得不到的才是最好的。很多人都是這樣認爲。

南懷瑾先生告誡我們：「『得失往來都不是』，今天有一個境界，看到光啦！看到菩薩啦！或者做個什麼好夢啦！夢中菩薩的指示還說了好幾天，說得高興得不得了，有時候又被夢嚇死了。要曉得，一切都是偶然，緣起性空，因緣所生，本來都是沒有的。」

正如《菜根譚》一書中所說：「人生減省一分，便超脫一分。」凡事順其自然，就不會爲沒有發生的事情擔心，就會減少許多煩惱。因此，順其自然是最美好的一種生存方式。

4 凡事只在一念間

南懷瑾在講佛經時說：「須菩提認爲，到達了阿羅漢的境界，他沒有絲毫我已證果的念頭存在。如果有這一念在，一念就是萬念，這一念就會牽連到重重疊疊，所以《華嚴經》稱爲帝網重重。帝就是大，我們的思想、感覺、情感，像一個無比大的大網，只要一個網眼洞動一下，其他的眼洞都會跟著一起動，就是所謂帝網重重。我們修持的業力、心性的業力，一念動，百千萬億念都牽動其中。說有一切有，說空一切空，就是這個道理。」

一天，有兩個倍受挫折的小夥子，一起去拜望師父：「師父，我們的工作太辛苦了，成天被人呼來喚去，他們簡直不把我們倆當人，太痛苦了。求求您告訴我們，我們倆是不是應該辭掉這個工作，換一個輕鬆點的？」

兩個小夥子迫不及待地問道。師父閉著雙眼，過了好一會兒，才淡淡說道：「不過一碗飯。」然後對兩個人揮揮手，就開始專心地念佛去了。

回到公司之後，其中的一個人想了想，一咬牙跟老闆辭了職，回家種田去了，另一個小夥子卻沒什麼動靜。

時間過得飛快，轉眼間，十年過去了。那個回家種田的小夥子，把現代的方法融合到種地裏面，加上品種改良，種地也種得順風順水，過了一段時間，他竟成了遠近聞名的農業專家。同時，那個選擇留在公司的小夥子，在後來的日子裏學會了忍耐，學會了努力，把工作當作一種快樂，後來也被升為了一個分區的區域經理。

很巧，有一天，兩個人遇到了。

「師父當初告訴我們『不過一碗飯』，我當時就明白什麼意思了。不過一碗飯嘛！我就不信我的日子有這麼難過，為什麼非要一棵樹上吊死呢？所以我就辭職不幹了。」

當上了農業專家的小夥子說道，然後又問區域經理說：「你當時為什麼沒聽師父的話呢？」

「我聽了啊！」那區域經理笑道：「師父說『不過一碗飯』，多受氣、多受累，我只要想『不過為了混碗飯吃』，老闆說怎麼樣就怎麼樣，少計較一些，多學點東西，後來就越來越受上司們的器重！一直做到現在這個位置。師父不是這個意思嗎？」

他們倆決定再次去拜望師父。

師父已經很老了，仍然閉著眼睛，過了半天，輕輕地說道：「不過一念間。」然後，揮揮手……

南懷瑾說：「『由來一念最難平』，人生學佛修道，這一念能平靜，則萬法皆空。但是這一念最難平，這一念就是當下一念，由於貪嗔癡慢疑的感受及執著。當下這一念不能平，所有的修持都是白費。」

一個女孩失戀了，她向智者哭訴自己的不幸。智者笑道：「失戀而已，不用這麼傷心，你以後會碰到更好的人。」

「你一定是沒有戀愛過，你根本不明白失戀有多痛苦。」女孩哼了一聲，說道。

智者說：「那麼你想怎麼辦呢？」

女孩低頭想了想，說：「我還想跟他在一起。」

智者說：「可是已經不可能了呀，你失去他的同時，他也失去了你。」

女孩哽咽道：「可是我很難過，我恨他。」

智者說：「給你做一個測試吧。假如他現在和另一個女孩站在你面前，給你一把刀，他已經決定要跟那個女孩走了，你現在可以選擇用刀刺進他的胸口。」

女孩哭道：「不，我不會的。」

智者說：「那你就忍心看著他跟那個女孩走？」

女孩想了想，說：「他要走就走吧，只要他能快樂。」

智者笑道：「你已經看透了，還有什麼難過的？」

南懷瑾先生曾講道：「丹霞的禪堂有一副對聯：『此是選佛場，心空及第歸。』等於說我們這個禪堂也是考場，是選佛的考場，心空就是淨土，就考取了。學佛的究竟，就是空此一念，俗名叫現在的現實淨土。所以佛在佛經上說，『心淨則國土淨』，處處都是淨土，處處都是極樂世界。」

5 忘我無我的大徹大悟

佛曰：從忘我到無我，那是禪心的顯現。南懷瑾說：「我們現在說人生要逍遙逍遙，這個逍遙常常是修道的人的理想，等於學佛的人要求解脫。結果，我們看修道的人，又吃素又守戒，又這樣又那樣，認爲這叫作道。我看他一點都不逍遙，越看越苦。學佛修道要求逍遙解脫，人生既不逍遙又不解脫，這個人生是很苦的。」

南懷瑾先生認爲：「一個人要真正擺脫物理世界的困擾，解脫一切煩惱而到達真正的逍遙，唯有『喪我』。」

印度的三藏法師得到了大神通後，就到慧忠禪師面前向他驗證。

慧忠禪師恭敬地問他：「早就聽說您能夠看透一個人的心跡，不知道這是不是真的？」

「只不過是一些小伎倆而已！」三藏法師答道。

於是，慧忠禪師就在心中想了一件事，然後問三藏法師：「請看老僧現在心在何處？」

三藏法師運用神通察看了一番後，回答說：「高山，流水。」

慧忠禪師微笑著點了點頭，然後心念一轉，又問三藏法師：「看老僧現在心在何處？」

「禪師怎麼跟山中猴子玩耍去了？」三藏法師又用自己的神通看了一會兒笑著說道。

慧忠禪師面露嘉許之色，稱讚道：「果然了得！」

慧忠禪師隨即收起自己一切心念，進入禪定的境界，心中不藏一物，這才又笑吟吟地問：「請法師再看老僧如今在什麼地方？」

三藏法師這次使盡了渾身解數，也沒有探察到禪師的心跡，一時茫然不知所措。

慧忠禪師緩緩出定，對三藏法師說：「您已經有了通心的神力，能夠知曉他人的一切去處，這是極好的！可是不能探察我的心跡，您知道這是為什麼嗎？」

三藏法師迷惑地搖頭。

「因為我心中無一物，既然沒有心跡，您又如何探察得到呢？」慧忠禪師笑著說。

南懷瑾先生說：「人，悟到了真正的無我，修行到了真正的無我，就是佛了。這個佛，無我，自然無眾生，無壽者，這就是佛的境界。一切凡夫都有我相、人相、眾生相、壽者相，一切觀念的執著都是因爲有我而來，所以真正無我就是佛境界。」

有位偉大的雕刻家，他有非常精湛的藝術水準，他做出的雕像甚至讓人難以跟真人區分開來。

有一天，預言家對雕刻家說，死神會在不久的將來來找他。雕刻家感到非常害怕，因為他不想這麼早就失去生命。

雕刻家苦思冥想，想要逃避死亡，最後，他終於想到一個辦法。他日夜趕工做了十一個自己的雕像，死神來敲門的時候，雕刻家就屏住呼吸，把自己藏在十一個雕像之間。

死神進來一看，頓時驚呆了。死神感到非常困惑，因為據他所知，世上的每一個人都是獨一無二的，根本不可能有兩個一模一樣的人。可是現在，自己眼前就有十二個一模一樣的人，這可怎麼辦呢？他只能帶走一個，可是到底哪一個才是正確的呢？

無奈的死神只好回去找天神抱怨，責怪他造人的時候偷懶，居然造了十二個一模一樣的人出來。

天神聽他講完事情的原委後，就告訴他說：「我這裏有一個暗號，保證你能夠從那個藝術家的房間裏把他找出來。」

「真的有用嗎？」死神聽完天神對他說的暗號後，將信將疑地說。

「別擔心，你試一下就知道了。」天神微笑著回答說。

於是，死神再一次來到藝術家的房間。他故意往四周看了看，然後慢悠悠地說道：「藝術家先生，你做的雕像是很完美，不過，還是有一些地方沒處理好，造成了一點瑕疵。」

「什麼瑕疵？」雕刻家一聽，立即跳起來問。此時的他甚至已經完全忘記了自己正在躲避死神這件事。

「哈哈，我終於抓到你了！」死神笑著說，「你無法忘記你自己，這就是最大的瑕疵。別廢話了，老老實實跟我走吧！」

南懷瑾先生說：「一個人學佛處處都是障礙，等於滿地荊棘，都是刺人的。普通人的看法，荊棘叢中下腳非常困難，但是一個決心修道的人，並不覺得太困難，充其量只是滿身被刺破而已！最難的是什麼呢？月明簾下轉身難。到了完全忘我、忘身，證得了空的一面，清清淨淨的時候，叫你不要入定，不要入清淨的境界，而要行人所不能行，忍人所不能忍，進入這個苦海茫茫中來救世救人，那可是最難的，做不到的。」

南懷瑾在講《金剛經》時，引用了明代禪宗憨山大師的話：「荊棘叢中下腳易，月明簾下轉身難。」南懷瑾說：「小乘的大阿羅漢果證得了，清淨境界證得了，淨土的境界到達了，在大乘戒律上是犯戒的，那是耽著禪定，功德不能圓滿。憨山大師這兩句話就是警告，到那個時候再想回轉過來就很難了，也許一墮落就是八萬四千大劫。因爲在這個清淨境界進入羅漢大定，要很長的劫數裏都不肯出定。」

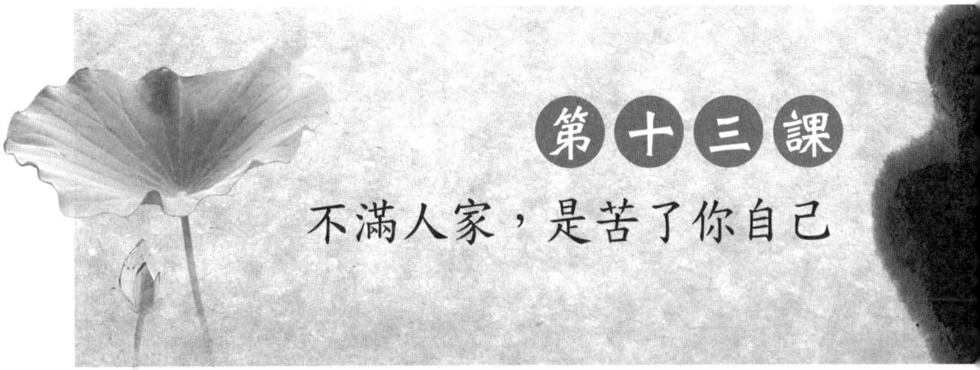

第十三課

不滿人家，是苦了你自己

1 氣大不如量大

南懷瑾說：「你要成大功、立大業，就要培養自己的氣度，像大海那樣大；培養自己的學問能力，像大海那樣深。你要修道，要夠得上修道材料，先要變成大海一樣的汪洋。所以佛經上形容，阿彌陀佛的眼睛『紺目澄清四大海』，又藍又清，就像四大海一樣。而我們的眼睛太小了，有時連眼白都看不見！」

一天，有幾個感到自己活得很痛苦的人來到寺裏。他們的心中充滿了仇恨，想請德高望重的法正禪師幫助他們消除心中的仇恨。

法正禪師得知他們的來意後，就讓他們把自己所仇恨的人的名字一一寫在紙條上，然後每個紙條都貼在一個鐵餅上。這些都做完後，法正禪師就讓他們把貼著自己所仇恨之人的名字的鐵餅全都背起來。

一塊鐵餅足有兩斤重，大家按照禪師的要求背起鐵餅，仇恨的人越多，他們背的鐵餅也就越多。不一會兒，就有人難受地叫了起來：「禪師，讓我放下鐵餅來歇一歇吧！」

法正禪師說：「你們背的是你們的仇恨，而不是單純的鐵餅。你們感到鐵餅沉重，背著很難受，想要放下鐵餅，那你們的仇恨可曾放下過？」

面對眾人的不解和抱怨，法正禪師笑說：「你們越是恨我，我就越要你們背。」很多人聽後，一氣之下就把自己身上的鐵餅放下來了。

看到這一情況，法正禪師就對他們說：「你們現在是不是感到很輕鬆？其實，你們的仇恨就好像那些鐵餅，你們一直背負著它，所以才會感到自己很難受、很痛苦。如果你們能像放下鐵餅一樣丟掉自己的仇恨，就不會再痛苦了！」

大家聽後都放下了仇恨，相視一笑。

俗話說：「一笑泯恩仇。」人之所以痛苦，也許就是因為帶著怨恨面對生活。寬恕曾經傷過你、背叛過你、出賣過你的人，是一種放下。天下無不散之筵席，何必死追著別人的錯誤不放呢？

南懷瑾在講《圓覺經》時說：「『法界』是佛學名稱，比宇宙還廣大，普遍充滿一切時空。此法界超越了我們觀念中的時間、空間，隨眾生之心量大小而大小。應所知量，循業發現，看你的智慧達到什麼境界，隨你的業力而發現。《圓覺經》在此講的比較簡化，如法界性，隨你的心量有多大，就有多大。」

從前有個商人，因為與大夫人成親多年後仍膝下無子，遂又娶了二夫人。一年後，二夫人為商人生了一個健康可愛的男嬰，商人也非常喜歡這個兒子。大夫人卻仍然沒有孩子，所以她對二夫人非常嫉恨。大夫人在外人面前，對二夫人的孩子裝作比親生骨肉還要疼愛的樣子，卻在暗中找機會害死了男嬰。

孩子的死讓二夫人肝腸寸斷、傷心欲絕，一病不起。她覺得自己的孩子死得太過蹊蹺，就求人暗中調查，彌留之際，得知是大夫人下的毒手。為了報殺子之仇，二夫人死後就投胎當了大夫人的第一個女兒。對於來之不易的女兒，大夫人自然是疼愛有加。然而，女嬰剛過一歲就命終了，大夫人的悲痛之情更勝過去喪子之後的二夫人。

二夫人仍覺得不夠解恨，就又投胎做了大夫人的第二個女兒。她容貌端莊，惹人喜愛，大夫人對她更是疼愛。但是，在年滿十五歲正當要出嫁的時候，又不幸病終。

大夫人悲痛萬分，終日啼哭。她將女兒的屍體停在棺中，卻不肯讓人蓋棺，終日看著棺材中的女兒戀戀不捨，不說話也不進食。

過了十幾天，有一位得道的聖僧路過此地，知道了這件事，便前往這戶人家乞食化緣，並堅持說要見主人，大夫人只好請聖僧進門來。

聖僧看見大夫人蓬頭垢面、憔悴不堪，便問道：「敢問施主為何如此？」

大夫人告訴聖僧：「我前後生了兩個女兒都聰慧可愛，卻又英年早逝。我可憐的小女兒，卻在要出嫁的時候死了！這實在令我痛不欲生。」

聖僧又問道：「家中曾有一位二夫人，她是怎麼死的？」傷心不止的大夫人聽到這話非常震驚，問道：「你怎麼知道這件事？」

聖僧說：「你殺了二夫人的兒子，讓她愁憂過度至死。因此，她就投胎為你的孩子，又早早死去，就是也想讓你嘗盡她當初悲痛的滋味。」

大夫人感到慚愧至極，便立刻將女兒的屍體埋葬，並請求聖僧為自己受戒。次日，依照聖僧的指示，大夫人前往寺中受戒。然而，二夫人卻化作毒蛇，擋在大太太的路途中，想咬死她。由於毒蛇擋路，大夫人無法前行。

聖僧知道這件事後，即前往大太太所在之處。聖僧告訴蛇：「你為報殺子之仇，兩次投胎做她的孩子，已讓她嘗盡當初你所受之苦。冤冤相報何時了，得饒人處且饒人！」毒蛇聽聞，心中的煩怨委屈霎時冰消。

在聖僧的點化下，二人的怨恨得到了化解，各自也得到了解脫。

一個滿心都浸滿仇恨的人，自己的內心亦飽受騷擾，不得安寧。因此，寬恕別人亦即拯救自己。就算僅僅爲了不使自己的快樂蒙受灰暗，我們也要選擇寬恕。

南懷瑾先生告誡我們說：「我們學佛，其實，佛的境界就是大方廣。所以，我們學佛的人從做人、心理、思想上就要走這個路子，心胸要廣大，人品要廣大，思想要廣大。」

2 我度眾生，眾生亦度我

南懷瑾先生在講《金剛經》時曾說：「佛對大乘菩薩說，假如已經證得了我本來空，人家怎麼罵你、侮辱你都無所謂。其實，對修行人來說，人家罵你、侮辱你、折磨你，那是在幫助你早點消滅罪業，早點清淨，早點成道，你應該感謝他。」

有一次，唐代高僧寒山與拾得在一起參禪。寒山問：「世間謗我、欺我、辱我、笑我、輕我、賤我、厭我、騙我，如何處之？」拾得回答說：「只是忍他、讓他、由他、避他、耐他、敬他，不要理他，再待幾年，你且看他。」

有一次，德高望重的夢窗禪師搭船渡河。當渡船剛離開岸邊的時候，遠處來了一位騎馬佩刀的將軍，他大聲喊道：「船夫，等一等，我要過河。」

船上的人都說：「讓他等下一趟吧，船都已經開了，怎麼能回頭呢？」於是船夫也大聲向那人喊道：「請等下一趟吧。」將軍一聽，急得在岸邊團團轉。

坐在船頭的夢窗禪師對船夫說道：「船家，現在船離岸還沒有多遠，我看那位將軍好像很急的樣子，您就給行個方便，掉頭回去載他過河吧。」船家看是一位出家人開口求情，就同意把船開回去。

將軍上了船後，發現所有的座位上都坐了人。當他看到坐在船頭的夢窗禪師時，粗野地罵道：「你個老和尚，沒長眼睛麼？看到本大爺上船了，還不快把座位讓給我！」說著，就一鞭子打了過去。

這一鞭子正好打在夢窗禪師的頭上，鮮血順著夢窗禪師的臉頰流了下來。禪師沒說一句話，而是平靜地把座位讓給了那位將軍。

船上的人們看到這一幕，都為禪師感到不平，但是他們害怕將軍的蠻橫，只得在一邊竊竊私語。那位將軍從大家的議論聲中瞭解到了事情的始末：原來是這個人幫了自己，而自己卻打了他。將軍頓時感到非常慚愧，但是礙於面子，又不願當眾認錯。

不一會兒，船就到了對岸。夢窗禪師下船後，就一個人默默走到水邊，撩起河水，洗去臉上的血污。正在這時，再也無法忍受內心折磨的將軍走到夢窗禪師跟旁，跪在他的面前，懺悔道：「禪師，我真對不起您。」

夢窗禪師心平氣和地說：「沒什麼要緊的，出門在外，難免有心情不好的時候。」

明代教育家呂坤曾說：「別人做了不好的事，原諒他，甚至要替他隱藏幾分。這樣渾厚地待人，可以使自己胸懷寬闊。」

有一天，一位修行的法師打開門正要出去的時候，一位身材魁梧的大漢突然闖了進來，跟迎面而來的法師撞了個正著。法師的眼鏡被大漢撞碎了，眼皮也被戳青了一塊，但是那位莽撞的大漢卻毫無愧色。

「誰叫你戴眼鏡的！」大漢理直氣壯地說。法師只是笑了笑，並沒有說什麼。

法師的反應出乎大漢的意料。過了一會兒，大漢忍不住驚訝地問：「和尚！你怎麼不生氣呀？」

「生氣既不能消除我臉上的淤青或是減輕我的痛苦，又不能讓破碎的眼睛復原，既然這樣，我為什麼一定要生氣呢？」法師平靜地說，「再說了，即使我生氣，對你破口大罵或是動粗，不僅無法解決問題，還會造成更多的業障及惡緣。」

法師停頓了一下，又接著說：「如果我早一分鐘或是晚一分鐘開門，都會讓我們免於相撞，或許這一撞正是化解了一段惡緣，我還應該謝你幫我消除業障呢。」

大漢聽後十分慚愧，他又向法師請教了一些佛法的問題，之後就若有所悟地離開了。

後來有一天，大漢托人給法師送來一些銀兩，一方面是感謝法師當初的開導，另一方面也是請法師為自己祈福消業。

原來大漢年輕的時候好吃懶做，以至於成年後生活很拮据，成親後，也不懂得善待自己的妻子。後來在一次外出返鄉的時候，聽到了一些風言風語，就認為自己的妻子對自己不忠，發誓一定要找到那個跟妻子「有染」的人，並殺了他，於是就生氣地跑了出來。幸好當時他碰上了法師，法師的話讓他冷靜了下來，並開始反思自己的過錯。

大漢認識到自己的錯誤後，痛改前非，用一顆寬容的心去對待別人，他的工作和生活也都開始變得順心起來。

南懷瑾先生勸誡我們說：「學佛修道要『嚴於律己，恕以責人』，對自己要求嚴格。中國人講道德，結果，往往都以道德標準去要求別人，而不是要求自己。其實道德是要『恕以責人』，別人有錯要包容，儘量寬恕別人，原諒別人。」

南懷瑾先生說：「有些年輕人，自以爲有了大乘的精神，又不肯自修。我就常常勸他們，你先求自修啊，自修好了，再來度人，你連自修都沒有修好，怎麼去度人呢？這也是我經常感嘆自己的，本欲度眾生，反被眾生度。自己都沒有學好，度個什麼人啊！只怕你自己不成佛，不怕你沒有眾生度。眾生愈來愈多，有的是事需要你去做。自己修行沒有基礎，何必急急忙忙去度人呢？」

3 心地清淨方為道，退步原來是向前

佛家有首插秧詩：「手執青秧插滿田，低頭便見水中天，六根清淨方爲道，退步原來是向前。」

南懷瑾先生說：「心境清淨到極點，心地上的淨土，能夠生出淨信。假使有這樣一個人，一個生淨信的人，他已經是悟道了，已經到達真正無所住了，到達一念不生全體現了。」

人們常說：進一步魚死網破，退一步海闊天空。

公共汽車上人很多，有一位穿高跟鞋的女士一不小心踩到了一位男士的腳，這位女士感到非常歉疚，她趕緊道歉說：「真是對不起，踩著您了。」沒想到男士笑了笑說：「不不，應該由我來向您道歉才對，都怪我這腳長得太不苗條了。」大家一聽，都笑了起來。

宋朝時期有一位法遠禪師，當他聽說北方有一位得道的高僧後，就邀上了幾

個同伴，一行八人從南方千里迢迢步行到北方去拜訪名師。

他們走了幾個月才趕到那所北方寺院。依照規矩，他們要進客堂掛單，可是從早上一直等候到中午，也沒有一個人出來招呼他們。

寒冷的風呼呼地吹，他們幾個人在外面又冷又餓，有四個人因為無法忍受饑寒而離開了。剩下的幾個人一直等到天快要黑了，還是沒有人理他們，於是又有三個人離開了。在天完全黑下來的時候，就只剩下法遠禪師一個人在那裏等待。

寒風一直吹著，又冷又餓的法遠禪師手腳都麻木了，但是為了求佛法，法遠禪師下定決心，不管遇到什麼困難都絕不退縮。

這時，寺裏走出來一個知客師父，他毫不客氣地斥責道：「喂！你哪來的回哪兒去，別賴在這裏不走！」

法遠禪師坐在那裏一動不動，他誠懇地向知客師父表明自己求法的虔誠。但是知客師父完全不聽他的解釋，還是對他訓斥道：「沒人搭理你，你就該識趣地走開，還在這裏囉唆什麼？」

法遠禪師依舊端莊地坐著。知客師父又回身捧來一盆水，從法遠禪師的頭頂澆下去。法遠禪師更加感到冷冽刺骨，但他依舊八風不動地端坐著，並緩緩說道：「我千山萬水來到這裏求佛法，難道這一盆水就能把我趕走嗎？」

法遠禪師成功在寺裏掛了單。然而，掛單以後，法遠禪師的生活卻更加難過了，他每天都要一個人煮飯給好幾百個人吃。

法遠禪師看到寺裏僧人們喝的菜湯清得連拿來洗衣服都不會洗濁，實在不忍心，就拿了點油摻在鍋裏，大家吃得很高興。當家師父知道這件事後，就立刻把法遠叫來罵道：「你怎麼可以拿常住的油做人情，煮飯給大家吃？你必須要賠常住的油！」

「我沒有錢賠啊！」法遠禪師雙手合十，回答說。

「沒錢賠？那就把你的袈裟、棉被、鋪蓋留下來賠償！」

法遠禪師所有的衣物都被當作了賠償，然後又被趕出了寺門。

一無所有的法遠禪師不顧風吹雨淋，每天靜靜地在山門外打坐。這樣過了半個月後，寺裏的住持發現他一個人坐在長廊上，認出他是因添油下菜被開除的法遠，就責問說：「你怎麼還坐在這裏沒走啊？你坐多久了？」

「半個月了。」法遠恭敬地答道。

「什麼？半個月？你在這白白住了半個月？算房租！交房租！」住持不滿地說道。

身無分文的法遠禪師哪裡有錢付房租，只好到處誦經來還債。雖然十分艱苦，但他修學佛法的心願卻始終沒有放棄。

住持見法遠能經得起火煎冰凍的考驗，並且毫無怨言，已經達到了佛經上說的「捨棄忿怒，滅除慢心，超越一切束縛，不執著心和物；無一物者，苦惱不相隨」的境界，就請他接掌了住持的職位。

南懷瑾先生在講佛經時說：「清淨沒有境界，所以這個樂不是世間看的樂，是常樂。這個時候是真正的我了，不生不滅，這是不生不滅之我，並沒有像我們現在世俗的觀念，有個我相的存在。所以，這個我是乾乾淨淨的。」

心不清淨，還容易產生攀比心。生活中有很多值得我們羨慕的對象，他們看上去擁有很多，看上去比一般人更爲幸福快樂。可是，我們一味地羨慕又有什麼用呢？既然羨慕，何不採取行動，想想如何把自己的生活經營得更爲幸福呢？臨淵羨魚，不如退而結網。想要得到魚，只站在江邊看是沒用的，回去織就一張屬於自己的幸福漁網，才能捕獲幸福。有時候，向後退一步，我們會得到意想不到的收穫。

4 盡人事聽天命

禪語中說：「隨緣不是得過且過、因循苟且，而是盡人事聽天命。」

南懷瑾也說過：「人生際遇，雖曰天命，豈非人事哉？雖曰人事，豈非天命哉？故盡人事而聽天命。」

有的人將隨緣理解爲被動地看著事情發生，什麼也不幹。事實上，這種認知是錯誤的。佛家說的隨緣的真正含義不是放棄個人努力，而是看淡結果，想要不勞而獲是不可能的。

一個學僧去向越溪禪師請教禪理，他說：「我學參禪已經有二十年了，可是到現在還是一竅不通，您能指點我一下嗎？」

越溪禪師沒有說話，而是迎面打了學僧一巴掌。學僧嚇得奪門而出，正好碰到了寺院裏的老方丈，老方丈見他一臉怒氣，就和藹地問道：「出了什麼事情嗎？去我那裏喝杯茶吧！」

學僧就跟著老方丈去喝茶了。他一邊喝茶，一邊向老方丈抱怨說越溪禪師無緣無故打人。正說著，老方丈突然打了他一巴掌，這位學僧手上的茶杯就「嗶啦」一聲掉在地上摔碎了。

學僧覺得老方丈也跟越溪禪師一樣，都是不可理喻，就打算起身告辭。這時，老方丈說：「你剛才說已懂得禪學，卻不懂禪道。現在，我已經教了你禪道。你明白什麼是禪道了嗎？」

學僧目瞪口呆，不知道該如何回答。過了一會兒，老方丈又問了他一次，他還是回答不出來。老方丈只好無奈地說：「那就讓你看看我們的禪道吧！」

老方丈說著，就站起來，然後彎腰把打碎的茶杯撿起來，拿起抹布，把地上的茶水擦乾。做完這些，老方丈又說：「除此之外，還有什麼禪道呢？」

學僧終於恍然大悟。做好眼前最緊要的事就是禪道。

從前，有一位從事海上販運的商人，由於趕上了太平盛世，加上好運氣和他自身的努力，很快就發了大財。他因此而覺得自己獨具慧眼、聰明過人，並且已經完全掌握了經商的秘訣。所以，他總是向人吹噓自己經商的才能。

對於賺來的錢，他總是一擲千金、隨意揮霍。有好心的朋友勸他要節儉一點，他卻毫不在乎地說：「錢是賺出來的，而不是省出來的。」

然而，就像一個人不可能永遠不幸一樣，他也不可能永遠幸運，接連幾次的事故讓他損失慘重：一條船被海盜劫走，一條船被風浪掀翻，而經濟環境也在這時發生了變化。

面對越來越蕭條的市場，他卻沒有一點兒應變的能力。他的雇員們看到前景不妙，紛紛離開另謀出路，有的甚至還捲走了一些財物。最後，他變得一無所有。這時，商人又開始覺得自己太過無能，心灰意冷之下選擇了自殺。

南懷瑾先生在講佛經時曾說：「空中的濕氣遇冷則聚成水滴，地上的水也可因日曬而散發掉，世間的一切無論是物質或生命、人際關係、種族關係等，均在無常聚散中，你能找到一個永恆不變的嗎？」

勝了就自鳴得意，輸了就怨天尤人，把自己看得一無是處、心態失常，讓境遇左右自己，就必然會導致行爲的變調。

5 善待生活，一切隨緣

佛說：不強求，不妄取，貴在隨緣。

南懷瑾先生在解釋「隨緣行」時說：「有好的衣服就穿好的，沒有就穿差一點的，甚至一無所有，從垃圾堆裏撿來縫縫補補，也可以穿，一切隨緣。」

爲了說明這個道理，南先生又列舉了寒山與拾得的問對。「寒山問拾得：『還有甚訣，可以躲得？』拾得答：『我曾看過彌勒菩薩偈，你且聽我念，偈曰：老拙穿衲襖，淡飯腹中飽。補破好遮寒，萬事隨緣了。有人罵老拙，老拙只說好。有人打老拙，老拙自睡倒。涕唾在面上，隨他自乾了。我也省力氣，他也無煩惱。』」

從前，有一個書生和他未過門的妻子約定好，等他參加科舉回來，他們就結婚。可是這個書生考完試回到家鄉之後，卻發現未婚妻已經嫁給了別人。書生無法接受這個現實，急火攻心，大病一場，從此臥床不起，家人想盡了各種辦法都無能為力。

眼看書生已經奄奄一息了，恰巧，有一個四海為家的得道高僧雲遊到此地，他得知情況之後，決定點化一下他。

僧人到這位書生的床前，從懷裏拿出一面鏡子，說：「想看看你的前世嗎？」病重的書生艱難地點了點頭。

通過高僧手裏的鏡子，只能看到一個一望無際的大海，在海灘上，躺著一位一絲不掛的遇害女子。不一會兒，遠遠的有個男人走了過來，他看了一眼，搖搖頭，就走了；又過了一會兒，第二個男人過來了，看到後，他將自己身上唯一的一件衣服給這位女子蓋上，然後走了；當第三個男人過來的時候，他看了看，然後把女子抱到一個地方，挖了個坑，把這個可憐的女子埋葬了。

書生懵懵懂懂的，又好像有所領悟，慢慢地把鏡子還給了高僧。

高僧就對書生說道：「你的未婚妻是來報恩的。你就是那第二個路過的男人，曾給過她一件衣服，她今生和你相戀，只不過是為了還你一個恩情。但是這個女子要報答一世的人，卻是最後那個把她掩埋的人，那個人就是她現在的丈夫。」

書生聽到大師的話以後，才明白原來緣分是不可以強求的，頓時心下大寬，身體也逐漸好了起來。

有人問洞山禪師說：「當寒暑到來的時候，我們要如何回避呢？」

禪師回答說：「何不向無寒無暑的地方去？」

那人又問：「什麼地方才無寒無暑呢？」

禪師答：「寒時寒殺闍黎，熱時熱殺闍黎。」也就是說：冷時讓它冷，熱時盡它熱，只要自己隨緣自適，那便沒有一處是不逍遙自在的。對待生命也是一樣的道理，看淡生死，一切隨緣，才能安然自在。

後唐時期，有一位保福禪師，他在圓寂之前對弟子們說：「我近來感到氣力越發不繼了，大概離結束世緣的時間不遠了。」

弟子們聽後，紛紛勸慰道：弟子們仍需師父指導，師父法體仍很健康，要求師父常住世間為眾生說法……只有一位向保福禪師問道：「如果結束世緣的時間到了，師父是去好呢，還是留住好呢？」

保福禪師以親切的口吻反問道：「你認為是怎麼樣才好呢？」

這個弟子回答說：「我覺得生也好，死也罷，一切隨緣，任它去好了。」

聽到弟子如此回答，保福禪師非常高興，他笑著說道：「這也正是我心裏要講的話，不知什麼時候都被你偷聽去了。」

說完，保福禪師就坐著圓寂了。

南懷瑾在講《圓覺經》時說：「釋迦牟尼佛瞭解了宇宙生命中這個道理，畢竟無主宰，非自然，『因緣所生法，我說即是空』。空是它的本體，因緣所起是它的作用，稱爲『緣起性空，性空緣起』。例如，我講話，必須有緣起，要有我的生命、思想、身體、呼吸系統、聲帶、嘴、舌、牙齒等許多因素湊合才能發出聲音，這叫『因緣所生法』。說完就沒有了，故言『我說即是空』。」

6 從內心去原諒別人

佛說：一個人如果不能從內心去原諒別人，那他就永遠不會心安理得。

南懷瑾先生說：「你不要一直不滿人家，你應該一直檢討自己才對。不滿人家，是苦了你自己。」

十年前，寺院裏有一個惹人喜愛的小沙彌，但是他卻在一天夜裏偷偷下了山。從此，他沉迷在紅塵世界中，盡情地放縱著自己。

十年後的一個深夜，已到中年的他陡然驚醒，忽然對十年來渾渾噩噩的生活懺悔起來，繼而急急趕往山上的寺院去找自己當年的師父，求取他的原諒：「師父，你能原諒我，再收我做一回弟子嗎？」

方丈看著這個讓他失望透頂的弟子，堅決地搖頭：「不！要想我寬恕你，」方丈信手一指佛堂門外的石桌，「除非那石桌上會自己開出花來。」說罷便轉身離去。

見師父態度堅決，中年人只好絕望地離開了寺院。

奇蹟就在當天晚上發生了。當方丈一早開門的時候，他驚呆了：石桌上真的開滿了大簇大簇五顏六色的花朵，那些盛開的花朵簌簌搖擺著，每一朵都芳香逼人，似乎還在急切地呼喚或宣講著什麼。

方丈在一瞬間大悟。他連忙派人下山去尋找那個弟子，卻始終沒能找到。石桌上那些奇蹟般綻放的花朵，也在短短的一天時間內凋零了。

方丈圓寂之前對身邊的弟子們說：「你們千萬要記取我的教訓。在這個世界上，沒有什麼歧途是不可以回頭的，也沒有什麼錯誤是不可以改正和原諒的。一個真心向善的念頭，便如石桌上開出的花朵一樣，是世上最罕有的奇蹟。」

方丈的遺言令他的弟子們都陷入了沉思。

原諒生活中的所有，不在意受到的傷害，是大度與寬容。沒有寬廣的胸懷和氣度，是很容易做出一些讓自己後悔莫及的決定的。

釋迦牟尼佛創立佛教初期，在傳教時遇到了很多困難和麻煩，甚至有人對他惡意挑釁和人身攻擊。

有一天，一個非常仇視佛教的婆羅門，看見受世人尊敬的佛教開創者釋迦牟尼佛一個人在街上走著，就心生一條毒計。

他抓起一大把沙土，悄悄地繞到釋迦牟尼佛背後，然後趁他不注意，向他頭上扔去。

然而，就在沙土扔出去的一剎間，一陣風突然向婆羅門吹來，沙土被吹回了婆羅門這邊，撒了婆羅門一頭一臉，十分狼狽。

婆羅門氣得滿臉通紅，但又不好發作。看著這一切發生的行人，都在一旁嘲笑他。面對大家嘲諷的目光，婆羅門羞愧得恨不得找個地縫鑽下去。

正在這時，婆羅門的耳邊響起了釋迦牟尼佛洪亮而又平靜的聲音：「如果想陷害心無邪念的人，或者想污染清淨的東西，罪惡反而會傷了自己。」

婆羅門頓時恍然大悟，不好意思地低下了頭，開始反思自己的行為。

在佛經中，還有一個婢羊爭鬥的故事。

在很久以前，有一個辦事認真、稟性清廉的婢女，她經常為主人炒麥豆。

在婢女炒麥豆的時候，主人家有頭公羊常去偷吃麥豆。主人發現麥豆不足分量後，就責怪婢女，也不再信任她了。婢女就氣憤地打羊出氣，多次挨打的羊也憤怒起來，用牠的角來撞婢女。這樣一來二去，婢女和羊的矛盾變得越來越深。

有一次，婢女空手去整理火盆中燃燒了一半的木炭。那隻經常挨她打的羊看她手中沒有拿木棍，就乘機衝上來用羊角頂她。婢女慌忙之下，就把一個正在燃燒著的木炭扔在了羊背上，羊毛立馬就燒了起來，

被燒得像一團火球的羊東奔西跑。羊在奔跑的時候，身上的火點燃了村莊，也燒著了山野。林中的小動物們在大火襲來的時候，因為逃避不及，也都被燒死了。

天帝看到這件事後，就對天神們說道：「誰會料到婢女與羊的鬥爭，會造成如此大的危害呢？看來無休止的怨恨與爭鬥只會衍生出惡果，我們也必須從這件事上吸取教訓。」

兩個人無休止的紛爭，很可能危及他人，只有用包容的心看待世界，才能和平相處、息事寧人。佛家認爲：不寬恕衆生，不原諒衆生，是苦了自己。不肯寬恕別人的人是最可悲的，因爲如果一個人不從內心原諒他人，就暴露出了他狹小的心靈空間，而且他永遠也無法心安理得。

南懷瑾先生在講佛經時說：「佛說，假定有一個人，看見怨家，如己父母，這多難啊！

視怨家猶如自己的親人，怨親平等，這才是學佛之人。恩怨分得太明就不行。那麼，恩怨分不清楚，好不好呢？那也不行，那是愚癡，要恩怨、是非、善惡分得清而又能包容。」

第十四課

真正的信仰是心靈的恭敬

1 信仰如暗夜燈塔

南懷瑾先生在一次講學時說：「佛說，假使有一個人，拿自己的生命佈施，經過無窮無數的時間，只有佈施，不要求收回來，這個人福報很大。可是，如果有一個人，學了金剛經的法門以後，做到『信心不逆』，這一點是重點，徹底相信金剛般若波羅蜜大智慧的自性自度的道理，信得過自心自性。光信還不行，信心不逆，沒有違背，這個人的福德超過以身佈施的福德。」

心懷鬼胎的人看到的都是陰謀齷齪，心地坦蕩的人看到的都是光明磊落；善良仁慈的人看到的都是仁慈關愛，陰險毒辣的人看到的都是殺機四伏。信仰能改變一個人對事物的看法，甚至改變一個人的命運。

一位雕刻師傅住在一個偏遠山區的村子裏，他的雕刻技巧嫻熟傳神，在附近一帶小有名氣。

有一次，附近一個寺廟邀請他去雕刻一尊菩薩像。可是，要到達那座寺廟，必須經過東邊的一座山頭。傳說這座山到了夜晚就會「鬧鬼」，如果有人從山上借路，夜幕降臨還沒來得及下山，就會被一個極為恐怖的女鬼殺死拋到懸崖下。

此時已經接近下午，可雕刻師傅深怕太晚動身會誤了時辰，就趕緊上路了。

走到半山腰的時候，天色已經暗了，月亮和星星都躲進了雲層，一絲光亮都沒有。師傅走著走著，突然發現路邊坐著一個女子，看上去很疲憊，鞋也磨破了，就上前詢問這女子是否需要幫忙。師傅得知這名女子和他同路，就自告奮勇地背她一程。

夜幕沉沉，師傅背著女子走得汗流浹背，便準備停下休息一會兒。

休息的時候，女子問師傅：「你沒有聽說山上有女鬼嗎？為了我你會耽擱時辰的，為什麼不趕快走？難道你不害怕嗎？」

「我是想趕路呀！」師傅憨厚地擦了擦汗說，「可是，如果我把你一個人留在山上，萬一有什麼危險，你可怎麼辦？我背你走，雖然累點，但也算是有個照應啊。」

女子張了張嘴，沒有說話。不一會兒，月亮出來了，師傅看到身旁有一截木樁，就拿出雕刻刀，比照著這女子的模樣，雕起人像來。

「師傅，你在雕什麼啊？」女子好奇地問道。

「我在雕菩薩像啊！」師傅心情愉悅地說，「我覺得你慈眉善目的，所以就想按照你的樣子雕一尊菩薩出來。」

坐在一旁的女子聽到這話，臉色立刻變了，還流下了眼淚。不知所措的雕刻師傅只看見一陣煙飄過，這女子竟然不見了，只留下一句：「你趕路去吧！」

原來，這女子就是人們口中說的女鬼。因為多年前從這裏經過時被強盜所害，扔下了懸崖，她的一腔怨恨化成了厲鬼，專在夜間取過路人性命。可是，這個女鬼沒想到，竟會有人說她慈眉善目，還比照她的模樣作菩薩的像。

第二天，師傅順利地翻過了山頭，到了那座寺廟。寺廟的僧人聽說師傅的經歷之後，感嘆說：「施主是結下了善緣啊！」從那以後，山上再也沒有出現過什麼「厲鬼」。

南懷瑾說：「許多人佛學的道理瞭解很多，但在行爲上、做人做事上，都與佛法相反，都是違逆。譬如，勸人家勸的比唱的還好聽，唉呀，放下，看開一點……他自己放不放得開呢？你馬上逗他一下，他就看不開了。這就是信心有逆。」

憨山大師曾寫過一首詩偈：「講道容易修道難，雜念不除總是閒。世事塵勞常掛礙，深山靜坐也徒然。」

古時候有一位老僧人，他待人寬厚，還經常勸諫別人放下。

曾經有人不服氣地問他說：「你天天教別人放下放下，你自己放下了沒有？」

他回答說：「我有什麼放不下的？我在三十年前就已經斷無明了。」

後來，老僧人覺得在寺院裏住著有些不自在，就跑到深山裏的茅屋中去修行，因為這裏極少有人來往，他覺得自己這下是得了真清淨了。

有一天，老僧正在屋中打坐，忽然來了一群牧童，他們吵吵鬧鬧說要到茅屋中去看看。有的人說：「不要去打擾修行的人，以免動了他的念頭。」又有人說：「既然是修行的人，那念頭應該是不會動的。」

於是，牧童門就進了茅屋，他們找吃的、找喝的，鬧個不停。老僧坐在蒲團上沒有理他們，牧童看他坐在那裏一動不動，還以為他死了，就上前去搖他，他還是一動不動。

有牧童摸了摸他身上還有暖氣，就說：「他這是入定了。」有一個牧童說：「我不相信！」於是牧童們就找來稻草挑他的腿和手，老僧還是不動；挑他的肚臍、耳朵，也不動。

當有人挑他的鼻孔時，老僧忍不住打了一個噴嚏，然後開口大罵道：「我要打死你們這幫小雜種！」

這時，觀世音菩薩在空中出現了，他對老僧說道：「你說你三十年前就斷無明了，怎麼到今天還沒有放下呢？」

南懷瑾在對學佛的人講課時說：「要做到信心不逆，不是理論而是絕對的信心，這樣去修行，那麼這個人所得的福報，將會超過前面所講的專門以佈施爲功德的人。更何況，還有人對《金剛經》的佛法廣爲宣揚，乃至古代沒有印刷，只有抄寫，受持，接受了，照這樣修持，每天讀誦，爲人家解說這個道理。這個福報比前面的還要大。」

2 心為修行初渡頭

南懷瑾在講佛經時說：「心念如瀑流。我們的心理狀況也是這樣，一個念頭接一個念頭，活了幾十年，一切種子如瀑布一樣在流。實際上，當我們一出娘胎的時候，第一個念頭已經死亡了，第二個念頭又死亡了……善人把善的種子引發了，慢慢再把惡的種子轉變成善的，成爲至善之人。如果你把惡的心念發展下去，善心被它感染了，就會變成不善的心。所以說，一切種子如瀑流，像瀑布一樣在流。」

禪宗有一個公案，說在靈山會上，佛祖手拈鮮花，微笑著向眾人展示。除了迦葉尊者會心一笑外，其他人都默然不語，不明白其中的真意。佛祖知道迦葉尊者是徹底領悟了，就把法統傳給了他。這就是「無語禪」最初的來歷。

還有一次，大眾雲集，等待著佛祖說法。佛祖剛剛登上法座，還沒有說話，負責主持法會的迦葉尊者就一敲法槌，對大家宣布：「世尊說法已畢。」佛祖微微一笑，走下了法座，沒有說一句話。

佛家的理念認爲，佛祖說法跟不說法，事實上沒有什麼區別，而聽者的成就則全靠自己心靈的覺悟。

南懷瑾先生說：「許多人學佛修行，對於自己講的話都搞不清楚，都沒有好好地觀心，都不曉得觀照自己的內心。念念觀照自己的起心動念，才是正修行之路。」

有一天晚上，一位雲遊的和尚走到半山腰，看到一小屋內放光。這光不同於尋常人家的燭光，和尚暗喜有緣遇到有修行的人，決定一定要向裏面的人請教。於是，他推門而入，只見一老翁盤坐於炕上。

和尚上前打過招呼，然後恭敬地問道：「施主練的是什麼功？」

「菩薩咒。」老翁回答說。

和尚一聽更為高興，心想，自己出家也有幾十年了，卻從來不知道有菩薩咒，於是急忙向老翁請教。

老翁說：「此咒我已經練了六十餘年，還從來沒有傳授過別人。其實，也只有『唵、嘛、呢、叭、咪、吽』六個字。」

和尚一聽笑了，因為老翁把「吽」錯念成「牛」。和尚告訴老翁說，這是六字大明神咒，而不是什麼菩薩咒。還有，最後一個字念「吽」，不念「牛」。

和尚離開後，老翁就開始按照和尚為他更正過的音念，結果總是繞口念不好。

過了一段時間，和尚又從老翁居住的小屋路過。他想老翁被他糾正以後，功夫一定變得更高了，於是欣然前去探望。

沒想到，他走近一看，屋裏一點兒光也沒有。他進門的時候，看到老翁還在念六字大明神咒，但是念到最後一個字的時候，總是念不好。和尚對此十分疑惑：為什麼老翁之前把「吽」錯念成「牛」的時候有光，現在念對了反而無光了呢？

他返回寺廟去請教方丈。方丈對他說：「你出家也有好幾十年了，怎麼連這個道理都不明白呢？念咒講究的是把心定位，心定後便可有光。老翁之前已經按他自己的念法念了六十年，念得一心不亂，你突然讓他改過來，他的心就亂了，光自然也就不會出現了。」

南懷瑾在講《圓覺經》時說：「學佛必須靠善知識指引，所以，學佛者都希望能夠遇到真正有所成就、具備正知正見的明師。善知識不僅代表人，也代表經教，經典也是善知識。

經典分為了義教與不了義教，了義教是徹底的佛法，是我們的善知識；不了義教是方便教育，僅作為參考之用，不能算是大善知識。『莫值外道及與二乘』，不要一開始走路，就走上外道。什麼叫外道呢？心外求法就是外道。」

曾經有一個人向三位得道的修行人請教如何悟道。

第一位修行人告訴他說：「我坐在蓮池邊的時候，看到蓮花在清晨開得嬌豔美麗。可是剛過中午，就跑來一群年輕人，他們跳進蓮池裏洗澡，沒多久，蓮池裏就呈現出一幅敗葉殘花的景象。我就是因此而悟道的。」

第二位修行人說：「清晨的時候，我看到果園裏的葡萄長得茂盛美好。然而，當太陽完全升起來的時候，有許多人來摘取葡萄，到了下午，果園裏就只剩下一片殘敗的景象。我是因此而悟道的。」

第三位修行人說：「有一天早上，我在水邊靜坐，看到小河裏的魚兒悠閒地游來游去，甚是自在。但是到了中午，就有人或使用誘餌，或使用魚網來捉魚，這些原本悠閒的魚兒就全都成了他們的獵物。我就是因此而悟道的。」

聽完三位修行人的話，這個人似懂非懂地回家去了。在路過海邊的時候，他看見沙灘上堆了許多沙堡，潮水一陣陣湧上岸來，淹沒了沙堡。當潮水退去後，先前的沙堡已經消失得無影無蹤了。他由此靈機一動，也悟道了。

這說明，悟道修行並沒有什麼固定的模式，只要內心清明，也就是明白了佛的真諦。南懷瑾先生告誡學佛的人說：「佛經所說的法相，根本就不是法相，所以叫作法相。這個話在《金剛經》上常說。道理在哪裡？那些都是教育上的方法，等於過河的船，目的是使你過河。已經過了河就不要把船背著走，要趕緊把船丟下，走自己的路。」

南懷瑾在講佛法時說：「你們想求智慧、求福德，要如此修法。為什麼呢？把心觀察清楚，這就是智慧。假如對自己的心念不清楚，那是細昏沉，因爲落在細昏沉中，所以智慧發不起來。怎麼說這也是修福德呢？對於自己心念的是非善惡都清清楚楚，把惡念拿掉，善念增加，功德自然增長。所以，觀心法門有如此重要，尤其號稱學禪的朋友們，特別注意這個法門。連這個最基本的都做不到，還談什麼禪？不要自欺欺人。」

3 真正的信仰在於心靈的恭敬

南懷瑾先生在講《金剛經》時曾說：「做人做事就是一個恭敬的敬，就是儒家所講的敬。一個人能夠敬己，然後才可以敬人；敬別人，恭敬別人，也就是敬自己。一念的誠敬，當下就可以證到佛的境界。」

有位禪師在一次跟眾人一起在佛殿裏做早課的時候，忽然咳嗽了一聲，把一口痰吐在了佛像身上。這引起了在座眾人的不滿，眾人紛紛責罵他說：「真是豈有此理！怎麼可以把痰吐在佛身上呢？這是對佛的大不敬啊！」

這位吐痰的禪師又再咳嗽了一下，說道：「我現在還要再吐痰，那請你們告訴我，在這虛空之中哪裡沒有佛？你們告訴我哪裡沒有佛，我就吐到哪裡好了。」

眾人啞口無言，因為佛法中說：「佛性遍滿虛空，法身充塞宇宙。」這位吐痰的禪師已經悟到了這個道理。只要內心崇敬，何必一定要拘泥於形式呢？

南懷瑾說：「『尊敬方知無可疑』，就是尊重，尊重就是恭敬。一尊重，當下就可以悟道，所以只有感謝這一句話。」

南先生還告誡學佛的人說：「你把佛像當成真的佛拜，立假即真，萬法唯心，因爲你的誠心，感應道交，自助天助。只要你的心造得出來，它就是真的，自然就有功效。」

有一位年輕的居士去拜訪當地的一位高僧。兩個人有很多共同話題，禪師覺得這個居士十分博學。兩人從早上一直談到中午，小和尚看他們談得投機，就去給他們準備了兩碗素麵。然而，這兩碗麵卻是一大一小，分配得很不均勻。

高僧看了一下兩碗麵條，然後將大碗推到居士面前說：「你吃大碗的吧！」按照人們一般的習慣，這時候居士為了表示謙虛恭敬，應該把大碗再推回到高僧面前。然而，他卻絲毫沒有退讓，端起大碗就吃了起來。

面對這種情況，高僧頓時皺起了眉頭，剛才對居士產生的好印象也消失了一大半，心裏想：「原本以為他是一個有慧根的人，沒想到卻如此不懂禮貌！」

居士把那一大碗麵吃完後，發現高僧根本就沒有動筷子，而且看上去好像很生氣，就笑著問道：「師父怎麼不吃呢？」

高僧坐在那裏一語不發。居士看了看高僧的碗，又看了看自己的碗，了然笑道：「真是不好意思，我確實是餓了，只顧著自己吃，忘記讓讓師父了。」

說到這裏，居士停頓了一下，又接著說：「就算我將你推給我的大碗再推到您面前，也不會是我的本願。既然如此，我為什麼非要那樣做呢？敢問師父，你推我讓的目的是什麼？」

「吃飯。」高僧答道。

居士嚴肅地說：「既然我們的最終目的都是吃飯，那麼您吃是吃，我吃也是吃，又何必再你推我讓呢？難道師父把大碗的麵讓給我不是真心的嗎？假如您不是真心的，又為什麼要那樣做呢？」

高僧聽完居士的話頓有所悟。

南懷瑾先生在一次講學時說：「任何的宗教徒，不管是佛教、回教、基督教、天主教，當你一看到塔廟，真正很誠懇無所求而拜佛，那一念的尊敬，就是佛境界。第二念就不是了，拜一下然後想想，哎喲，我的香蕉放在這裏蠻可惜，水果在這裏恐怕爛了，廟上恐怕吃不完，最好分一點給我帶回去，這第二念就不是佛了。」

「有些人常常說，運氣不好，去學佛修道。」南懷瑾說，「我說佛和神仙不是倒楣人能修成功的呀！那是第一等不倒楣的人來幹的啊！釋迦牟尼太子皇帝不幹，所以他成了佛；呂純陽功名不要了，才成仙。你倒楣透頂來學佛修道，那叫倒楣佛、倒楣道。你們諸位要搞清楚這個道理，這是告訴你們真話。」

南懷瑾先生說：「假如你拜佛的時候，心不恭敬不誠懇，當作是運動，即使拜一萬次也沒有用，千萬注意！道理就在一個『誠』、一個『敬』。」

4 不要盲目崇拜偶像

南懷瑾先生說：「像你們又修道又念佛又學密宗，其實我當年也一樣，反正有道我就拜。密宗也好，顯教也好，我都搞了很久。最後，我一道都不道，才曉得道原來還在我自己，我何必外求呢！可是不先經過那些冤枉路，死不了心。」

馬祖道一是唐朝時期一位著名的禪師，當時的出家人都很仰慕他。馬祖道一禪師曾在福州弘化授徒、普度眾生。

有一次，一位從大梅山來的名叫法常的和尚來見他。馬祖就問他：「你來這裏有什麼事？」

「我來向您請教佛法。」法常恭敬地答道。

馬祖合掌合眼後說了四個字：「即心是佛。」法常一聽，頓時就開悟了，他向馬祖道謝後就回大梅山去了。

過了一段時間後，馬祖有一天想起了法常，就讓自己的一個弟子去大梅山探望他，順便考察一下他對佛法是否真正參悟通透了。

弟子找到法常時，看他在專心參禪，就按照師父事先交代的話問道：「請問禪師之前在馬祖那裏曾經得到什麼見識？」

法常一心參禪，對那位弟子的話聽而不聞。弟子見法常聚精會神，居然還沒有發現自己，就大聲喊道：「馬祖過去跟您說過什麼？」

法常這才答道：「即心是佛。」

這位弟子就接著說道：「馬祖禪師現在已經不再說『即心是佛』，而是改說『非心非佛』了！」

法常聽他這樣說，長嘆一聲，道：「這個老和尚真會捉弄人，我還是堅持我的『即心是佛』，讓他『非心非佛』去吧。」

弟子回去把法常的情況向馬祖細述了一遍，馬祖感到非常欣慰，因為他知道法常是真的悟透徹了，並且能夠做到心不受擾、腳踏實地。馬祖歡喜地對弟子說：「梅子熟了！」暗指法常的功夫已經到家了。

南懷瑾說：「基督教說不崇拜偶像，佛教也是一樣不崇拜偶像，《金剛經》上說：『若人以色見我，以聲音求我，是人行邪道，不得見如來。』但是，基督教講究不崇拜偶像，卻拜起了十字架；佛教反對崇拜偶像，爲什麼又拼命拜佛像呢？其實不是拜佛像，而是拜自心。當你一念誠懇恭敬拜下去的時候，心無雜念，心即是佛。」

晚唐時期有一位夢覺大師，他在悟道之前到處拜師，立志苦行修身。然而，他苦修多年，卻始終無法參透成佛的禪機。

有一天，在外面走了一天的大師走到一個破敗的寺廟，愁思滿面的他就躺在草瓦堆裏冥思苦想。由於實在太累了，沒過一會兒，大師便進入了夢鄉。

只聽得半空中霹靂一聲，整個破廟竟然籠罩在一片祥光之中。大師慌忙起身查看，居然看見佛祖就端坐在雲層之中。

大師連忙跪倒在地，念道：「阿彌陀佛！望佛祖點化弟子！」

正在這時，佛祖頭上鑽出一隻老鼠，牠尖叫地大笑道：「哈哈哈！真是個愚蠢可笑的人。還說什麼膝下有黃金，沒想到膝蓋竟這樣軟，說跪下就跪下了！」

大師一聽氣壞了，他正想著到底該如何教訓這隻膽大妄為的老鼠，一隻餓極了的野貓撲了過來，抓住老鼠就要吃下去。

老鼠慌忙抗議道：「你這隻沒禮貌的貓，你不能吃我！我代表著佛！你應該向我跪拜！」

野貓譏諷地說：「哼！真是大言不慚、不知廉恥！人們向你跪拜，只不過是因為你所站的位置，而不是因為你！」說完，就把老鼠掰成了兩半，還把其中的一半扔給大師說：「和尚，你也來吃！」

大師嚇了一跳，就從夢裏醒過來了。回想起夢中的場景，他恍然大悟：「我真是個笨蛋啊，我自己就是一尊活佛，竟然騎驢找驢，四處去拜那些假佛！」

大師大笑著離開了寺廟，從此就以夢覺為號。

還有一個人天天都期望能出現奇蹟，因為他覺得自己的生活太平淡了。他向佛祖祈求奇蹟能早日出現。

佛祖見他如此癡迷，就問他：「你想要什麼樣的奇蹟呢？」

他回答說：「奇蹟就是完全超乎我的想像，甚至連做夢都想不到的事情。」

佛祖就說：「我答應你，明天奇蹟就會出現。」

於是，他就開始在那裏焦急地等待著奇蹟的出現。

然而，好幾天過去了，也沒有出現什麼奇蹟，這個人就開始對著天空抱怨佛祖說：「你為什麼沒有給我奇蹟？」

佛祖在空中回答說：「我早就給你奇蹟了呀。」

「什麼奇蹟？我怎麼什麼也沒有看見？」那人不解地問。

佛祖說：「你不是說奇蹟就是完全超乎你的想像，做夢也想不到的事情嗎？你以為我能給你奇蹟，可是我並沒有給你奇蹟，這不就是你連做夢也想不到的嗎？這本身也是一個奇蹟啊！」

佛祖接著又說：「其實，世界上除了你自己以外，根本沒有其他的什麼可以稱為『奇蹟』。與其去求別人給你奇蹟，不如自己給自己奇蹟。」

南懷瑾在講佛經時說：「佛是不可以形相來見的，拿形相來見佛，就錯了。那麼你或許會說，廟裏爲什麼要弄個偶像拜呢？那不是偶像，真正的佛同其他許多宗教一樣，是反對拜偶像的。那爲什麼畫的佛、塑的菩薩都可以拜呢？答案是『因我禮汝』。因爲我的形象存在，你起恭敬心拜下來，那個像是一個代表而已。你這一拜不是拜我，是拜了你自己，你自己得救了。」

5 莫忘心靈後花園

南懷瑾先生說：「佛學裏有淨土、有穢土，我們這個娑婆世界算穢土，阿彌陀佛西方極樂世界是淨土。所謂土，有兩種觀念，一種是常寂光土，這個土已經不是土地，不是物質，而是說，在那個境界裏，永遠都是快樂的、清淨的、寂滅的。」

南懷瑾認為要「求哀懺悔」。他說：「誠誠懇懇地懺悔以前的一切罪過，洗淨自己以前所造的污垢，淨化自己的心靈，如此日日夜夜誠敬禮拜懺悔，持續二十一天。」

佛家有一個傳說：在一年快要結束的時候，佛陀讓弟子們在祇園的僧院中豎起一根大鐵柱。雖然弟子們並不明白佛陀的用意，但還是按照他的意思去辦了。

在新年的前夜，佛陀讓弟子阿難沐浴後換上新袈裟。等阿難穿著新裝來到佛陀面前時，佛陀慈愛地對他說：「阿難！我現在要請你幫我做一件很重要的事。」

「請問世尊要我為您做什麼事？」阿難急忙問道。

佛陀微笑著指了指那根豎立在不遠處的鐵柱，說：「我讓你用力去敲那根鐵柱，一定要使勁地敲。」

阿難走到那根鐵柱旁，四處看了看，然後拾起地上一塊堅硬的石頭，用力敲了一下鐵柱。那根鐵柱頓時發出極響亮的聲音，幾乎整個舍衛國都能聽到這種聲音，就連地獄裏的惡鬼和畜生道的畜生們也都聽見了。

聽到這種聲音的人們，頓時感到所有的煩惱和痛苦都消失了，就連惡鬼和畜生都不再有痛苦和煩惱了。阿難自己也被聲音震撼了，他沒想到自己這一敲會造成這麼大的影響。

僧院中正在僧房中休息的比丘們聽到這種聲音後，紛紛彙聚到講經堂。

佛陀就對眾位弟子說：「明天就是開始，就是新的一年了，大家都已經學習了一年的佛法，現在應該對自己有一個自我反省。我跟你們一樣，也是要反省的。現在，你們每兩人組成一組，向對方檢討一下自己在這一年當中的過失，然後對自己所犯的過失做出懺悔，讓自己的身心清淨不染雜念。」

弟子們遵從佛陀的吩咐，開始認真檢討自身並懺悔自己的過失。當他們重新回到自己的座位上時，佛陀開口說道：「你們大家剛才都檢討了自身，也懺悔了自己的過失。現在，我也要反省一下自己。」

說著，佛陀就站起身來，說道：「雖然在這一年中我沒有任何過失，也不曾做錯任何一件事，但是為了給你們做出榜樣，我也要檢討自身，做出反省。」佛陀做了自我檢討後才又坐下來。

弟子們見佛陀沒有任何過失，還檢討自身，就覺得他們自己反省得還不夠，於是都向所有在座的弟子們又做了一遍懺悔。

據說在這一天當中，有一萬個比丘消除了一切雜念，感受到了佛的真義，另有八千比丘修成了阿羅漢。

南懷瑾先生說：「世界上一切知識的範圍，宗教哲學的境界，都是依一般人自己的心靈造成的。隨眾生心量的大小，你那個天堂，你那個佛土，也有大小。應你所知的範圍，量的大小，佛國就有多大小。」

有一個小和尚問無德禪師：「同樣都是一顆心，為什麼心量會有大小的分別呢？」

禪師並沒有直接回答他，而是對小和尚說：「你將眼睛閉起來，在心中建造一座城垣。」

小和尚就閉目冥思，在心中構畫了一座城垣。

「已經造好了。」小和尚說道。

禪師又說：「現在，你再閉眼，在心中造一根毫毛吧。」

小和尚又依言在心中造了一根毫毛。過了一會兒，他說：「毫毛造好了。」

禪師問他：「當你造城垣的時候，是用你一個人的心去建造的，還是借用別人的心共同去造的呢？」

小和尚誠懇地回答說：「只用我一個人的心去造。」

禪師又問：「那你造毫毛的時候，是只用了一部分的心去造的，還是用你全部的心去造的呢？」

「是用全部的心去造的。」小和尚回答說。

小和尚回答完後，無德禪師就開導他說：「你用心造一座大的城垣，一個心就足夠用了；而在造一根小的毫毛時，還是需要用整顆心去造。由此可見，你的心是能大能小的啊！」

南懷瑾說：「有個出家人問我：『有人邀我到法國閉關好不好？』我說：『真修行，污泥中也可以閉關。我前幾年不就在鬧市中閉了三年關？』當時我也曾到處找地方，後來有個桃園的同學，要把竹林老家送給我。我到了那裏，自覺好笑，就回來街上閉關，自己嘲笑自己：昏了頭！哪裡不是道場，提婆達多不也是以地獄爲道場的嗎？」

第十五課 解脫和悟道

1 開悟前必須要走的路

南懷瑾先生說：「真得了止，心就像牆壁一樣隔離了內外。達摩祖師當年在嵩山面壁九年，二祖來求道時問，禪有什麼方法可以契入？達摩祖師說：『外息諸緣，內心無喘，心如牆壁，可以入道。』就是禪宗在未開悟以前，必須要走的路子，也就是修止的功夫。外息諸緣，把周遭環境的事物通通放下，因此上坐前必須先把所有事情都處理妥當、了無牽掛了，才好打坐。」

有一位小沙彌，立志要修行成佛。然而讓他想不通的是，他出家三年來，師父沒有教過他誦經拜佛，卻總是讓他上山去砍柴。這樣下去，什麼時候才能悟道成佛呢？

這天，小沙彌像往常一樣按照師父的吩咐上山砍柴，突然一隻罕見的動物來到了他的眼前。小沙彌從來沒有見過長得這麼奇怪的動物，於是忍不住好奇地問道：「你叫什麼名字？」

「我叫『悟』。」那隻動物回答說。

小沙彌之前腦子裏一直都在琢磨著怎樣悟道，聽完這個奇怪的動物的回答後，小沙彌十分高興，他想：「原來牠就是『悟』啊，真是太好了，我終於找到牠了，我一定要把握機會，把牠抓住。」

不料，那個叫「悟」的動物突然出聲叫道：「哼！你一看到我，就想抓住我，別以為我不知道！我是不會讓你得逞的！」

小沙彌被牠的話嚇了一跳：「牠居然知道我在想些什麼！那我現在就裝作什麼都不知道，然後趁牠不注意的時候再去抓住牠好了。」

沒想到「悟」又喊道：「難道你認為我會不知道嗎？你想要趁我不備抓住我，這是行不通的！」

無奈之下，小沙彌只好一心一意地砍起柴來，不再多想。

小沙彌在用力砍柴的時候，斧頭柄突然「喀嚓」一聲斷了。斷掉的一段飛了出去，正好砸在了「悟」的頭上，那個叫「悟」的小動物居然一下子被砸暈了過去。

對於這個意外的收穫，小沙彌頓時真的開悟了。同時，他也明白了一個道理：想要開悟，首先就是要放下一切妄念，專心致志做好自己的事。

南懷瑾在講《宗境錄》時說：「內心無喘，因爲念頭一動，呼吸就動，念頭完全空了，呼吸就自然不呼不吸，也就是無喘了。『心如牆壁』，此心就像打造了一面牆一樣，隔開了世間的習染及六道輪迴。『可以入道』，若能做到上面所說的，就差不多可以來談學佛了。可見學佛有多難，不是外息諸緣、內心無喘、心如牆壁，就是入道。沒有『就是』呀！而是『可以』入道，可以有資格來進入菩提大道。」

浙江餘杭曾有一位曇翼法師，在秦望山結廬而居。

有一天，太陽快要落山的時候，曇翼的草庵門前突然出現了一位妙齡少女。只見她容貌嬌麗，身披彩服，還挎著一個竹籃，竹籃裏面放著一隻鮮白可愛的小豬和兩顆青蔥碧綠的大蒜。

美麗的少女走到曇翼的身前，對他說：「我進山來採野生的豌豆苗，不知不覺間越走越遠，忘了回家的時間。現在天已經快要黑了，我怕路上會遇上豺狼虎豹，因此不敢回去。我想在您這裏借住一晚，等明天天亮了我再回去。」話沒有說完，就向曇翼拋來一個媚眼。

曇翼見這位少女神色輕佻，心中惶恐不安。他想：少女說是來山中採野生豌豆苗，只怕實際上是來故意破壞和尚清修的。於是堅決說：「不行！佛教以女色為大戒，在這深山野林裏，四周都沒有人煙，你來我這裏借宿，會造成極大的不便。女施主還是趁著天還未黑，趕緊下山回家去吧。」

沒想到少女一聽曇翼拒絕自己借宿，便大哭了起來，還一邊哭一邊說：「我的命真是太慘了啊！我聽人說出家人愛惜生靈，心地仁慈，誰知今天我卻遇上了一位假仁假義的和尚，寧願看著我落入虎狼嘴裏，也不肯對我施以幫助。」

曇翼聽少女這麼說，心中也覺得有些不安：救人性命原本是我佛家的本色，我總不能因為她是一位女子，就眼睜睜地看著她死於路上吧。於是，曇翼只好答應讓少女住下來。他在草庵外粗略地鋪置一下，就露宿在外面，而把自己庵中僅有的一張繩床讓給了少女。

半夜的時候，睡在屋裏的少女突然高聲喊肚子疼，並請求曇翼為她按摩。曇翼認為這是少女捉弄他的詭計，就以持戒為由堅決拒絕。可誰知那位少女竟然越叫越急，痛得汗流滿面，在床上不停翻滾。

曇翼一看，這才知道少女是真的病了，於是趕忙用布包裹著錫杖，遠遠地為少女按摩。這樣過了一段時間，少女腹痛漸止後就慢慢睡著了，曇翼之後也出了屋。

第二天早上，那位少女醒來後，她的彩衣突然化作了祥雲，大蒜變成了蓮花，而小豬則變成了白象。只見她凌空飛起，端坐在蓮花之上，對曇翼說：「我是普賢菩薩，聽說你修為好，今日特來相試，果然不錯。」說完就消失不見了。

這件事很快就流傳了開來。當時的會稽太守聽說後，就把這件事上報給了朝廷，皇帝對曇翼的德行修為十分欣賞，就特意命人為曇翼建造了一座法華寺，後來又被人們改稱為天衣寺。

南懷瑾先生在《如何修正佛法》一書中說：「大家都曉得心即是佛，可是怎麼樣是『心』呢？都沒有著落。以爲自己雖沒有做好事，但對得起良心，就是佛了。至於『心』是什麼，就不管了。毛病就出在這裏。因爲這個『心即是佛』的流弊，而產生了宋代理學的發達。直指人心，見性成佛的理，越說得明，佛學則越加暗淡，修證功夫越發沒有著落。其實，大而無當，還不如修止觀，作觀心法門，還可能拿到半個果位。走小乘到底還可以求證，大乘菩提則另當別論。」

2 開悟與不開悟有什麼不同

南懷瑾說：「開悟的人不再相信自己的想法是真的，包括任何想法；而不開悟的人則相反，他們無意識中相信自己的任何想法都是真的，簡直是『任何』。所有想法都是自己從虛無中建立的，都是從本無所有的心地上構建的，所以諸佛（**開悟的人**）不相信自己的任何想法——哪怕某種想法看起來多合理或真實。」

南懷瑾先生曾爲我們講過這樣一個故事：

以前有位讀書人去問一位法師：「有沒有地獄？」

法師回答說：「沒有。」

讀書人覺得不太對，就又去問一位禪師：「師父，請問世間有沒有地獄？」

「有。」禪師回答說。

讀書人就說：「這就奇怪了，我之前問一位法師有沒有地獄的時候，他回答我說沒有，而您卻說有。我究竟該相信誰的說法呢？」

禪師就問他說：「你有妻子嗎？」

「有。」

「那位法師有妻子嗎？」

「沒有。」

禪師就告訴讀書人說：「那位法師說沒有地獄是對的，但是你就不能說沒有地獄了。」

對此，南懷瑾先生評價說：「這位法師答得非常高明，字面下大有深意。地獄餓鬼有沒有呢？有，絕對有，而且在人間的地獄比看不見的地獄還明白得多。人世間有很多地獄，大家在地獄中住慣了，還當成是樂園呢！但是，佛說過：『三界唯心造。』地獄也是唯心造，心若是了了，地獄也就空了；心若不能了，地獄絕對有。」

南懷瑾先生還說：「真正開悟的人對世界從不解釋，即便他偶然對事物發表了某種看法——他也不認爲他說的就是唯一的真相或真理。因爲他知道，真相是不可知的，而真正之理亦不可說。即使是真相，那也是一個故事；而能被說出的真理，已經離開了真相。『凡有所見皆是虛妄』，他們徹底的不被任何所迷。」

有一位老禪師有兩個徒弟。有一次，屋裏飛進一隻蜜蜂，這隻蜜蜂想要飛出去，然而，在牠努力地朝窗外飛的時候，卻被窗上厚厚的玻璃擋住了。蜜蜂一次又一次地摔下來，無論努力多少次，都是徒勞無功。

有一個徒弟看到了，就說：「這隻蜜蜂真是太愚蠢了，明知道這個方法不通，卻不肯改變路線。牠這樣做，即使飛一輩子也是不可能成功的。」這個徒弟還從中得到啟示：世上有些事情是不能強求的，人要懂得變通，該放手時就放手。

另一個徒弟看到後卻說：「這隻蜜蜂真是頑強和勇敢的好榜樣，失敗了也不屈服。」他從中得到的啟示是：「做人就應該像這隻蜜蜂那樣，百折不回，鍥而不捨。」

兩個徒弟很快就因為各自的觀點不同而爭執了起來，可是他們誰也無法說服對方。於是，他們就去找老禪師評理：「我們誰也不服氣誰，請師父說說究竟誰的觀點才是正確的呢？」

老禪師說：「你們誰都沒錯。」

兩個徒弟對禪師的回答很是不解，心想：我們兩人的觀點可以說是完全對立的，怎麼會都是正確的呢？一定是師父為了不讓我們再爭執而故意做好人。

老禪師看出了他們的疑問，就微笑著讓他們拿出一塊大餅，並把大餅居中切開。二人照做後，禪師就問他們：「您們說這兩塊一半的餅，哪邊的好，哪邊的不好呢？」兩個徒弟回答不上來。

禪師說道：「你們看問題總是看到它們相異的地方，難道就沒有看到它們相同的地方嗎？形式上的差異往往會掩蓋質的相同。」

兩個徒弟一下就醒悟了。任何事物都有它的兩面性，沒有絕對的是非問題。

南懷瑾先生說：「覺悟的心不以『合理』和『看起來真實』爲理由和依據，來確定它自己的存在是真的，這種習性是頭腦的。頭腦以『合理』『看起來實在』等來支持和證明它自己的夢幻是真實的……凡夫相信自己的所想是真的。一是我們不得不相信，因爲我們從沒出離過自己的念頭之叢；二是我們不得不相信，因爲不相信自己的所想，意味著我們失去了身分，失去了參照，那樣，我們的頭腦將想像不出它自己是誰、在哪、如何存在，它將感到非常恐怖。」

禪宗裏有個故事，說有兩個師出同門的和尚都已經悟道了。一天，兩個和尚在路上見到一個死人，一個和尚就找來工具把死人埋了，而另一個看到那個死人後卻無動於衷，揚長而去。有個人看見了，就去問他們的師父，說為什麼兩個人都悟道了，做法卻完全不一樣呢？

他們的師父回答說：「埋的是慈悲，不埋的是解脫。」

對此，南懷瑾先生解釋說：「因爲人死了最後都是變泥巴的，擺在上面變泥巴，擺在下面變泥巴，都是一樣。所以說，埋的是慈悲，不埋的是解脫。」

南懷瑾先生還由這個故事引出了《金剛經》中的一句話：「不應取法，不應取非法。」他解釋說：「不應該抓住一個佛法去修，落在某一點上，就先著了相，就錯了。你說，我什麼都不抓，所以我是真正學佛法，你更錯了，有時候也要認真！」

3 起疑才能有悟

南懷瑾在講《圓覺經》時說：「中國佛法中的禪宗要你起疑情，有疑才有悟，何況一切眾生本來就在懷疑中。沒有成佛以前處處是問題，生從哪裡來？死向何處去？佛法說有前生，你見過？死後靈魂究竟存不存在？誰能證實？這些都是問題。」

南先生還說：「很多人很用功、很虔誠，天天作早晚課，又拜佛，又吃素，又迴向，到後來想想，這樣是不是真有功德？念了咒，念了經，是不是真能消業？信了佛教，卻又隨時在疑悔中，每人輕重不一。我幾十年來所看到、聽到的學佛學道人士大都如此在疑悔中，包括我自己，當年也是如此。」

元朝的時候，一個讀書人去拜見天目山的高僧中峰和尚。他疑惑地問道：「佛家講善惡的報應，說造惡定有苦報，行善定有好報，決不會不報的。現在，我看到某一個人是行善的，為什麼他的子孫反而不興旺，而有一個作惡的人家裏反倒發達得很呢？這樣看來，佛說的因果報應豈不是沒有憑據了？」

中峰和尚回答他說：「平常人沒有洗除乾淨這顆靈明的心，法眼未開，被世俗的見解所蒙蔽，把真的惡行認為是善的，反而把真的善行認為是惡的，這是常有的事情。並不是天報應錯了，而是人們看顛倒了啊！」

讀書人又問：「惡就是惡，善就是善，善與惡不是區分得很清楚嗎？怎麼會弄得相反呢？」

中峰和尚說：「那你說說看，你認為哪些是善，哪些是惡呢？」

讀書人就說：「我認為打人、罵人是惡，貪財、亂要錢也是惡；恭敬人、禮貌待人是善，不貪財，守正道也是善。」之後讀書人又舉了一些自認為「善」和「惡」的例子。

中峰和尚卻說：「你說的不一定全對。」

讀書人就向中峰和尚請教究竟怎樣才是真正的「善」和真正的「惡」。

中峰和尚告訴他說：「做只對自己有益的事情就是惡，做對別人有益的事情才是善。如果一個人做的事情，哪怕是打人、罵人，是為了使別人得到益處，這就是做善事；而如果一個人禮貌待人、恭敬人，做事卻完全是為了自己的個人利益，那就是在行惡。從良心上所發出來的善行才是真善，完全照例做做就算了的是偽善；為善不露痕跡、不求報答，那麼所做的善事就是真，如果是企圖有所得才去做善事，那就是假了。」

讀書人這才徹底領悟什麼才是佛家所講的真正的善與惡。如果他沒有這樣的疑問，或許永遠都會處在一知半解的狀態。

南懷瑾先生曾幽默地說：「現代青年喜好學禪，問他有沒有問題呢？半個問題都沒有，不疑就不悟，這樣還學什麼禪呢？禪宗講參話頭，『釋迦拈花，迦葉微笑』，迦葉爲何微笑？牙齒白呀？釋伽牟尼佛又爲什麼要拈花？假如你不去參究這類問題，那就不要學禪了，沒有懷疑，何來開悟？」

南先生還說：「禪宗的方法之一就是挑起你的疑情，你說你有痛苦，那麼，痛苦從哪裡來？因爲有我，你又是什麼東西？肉體？肉體不是你。真正的我是心，心在哪裡？如此一步一步追問下去，大疑就是大悟，小疑就是小悟。」

佛家常說「四大皆空」，有一個小和尚對此卻是滿腹疑慮。這天，他實在忍不住，就去請教寺裏的老和尚：「我們出家人皈依佛門，講究一種虛靜，四大皆空，那我們還有什麼呢？我們來這個世上究竟又是為了什麼呢？」

老和尚開導他說：「屬於我們的太多太多了，有山，有水，還有藍天白雲，以及自由的身心，我們來這世上正是為了我們自己的心啊！」

小和尚仍然是一臉困惑，老和尚就補充說：「當你做到四大皆空的時候，這世間的一切不都是你的了嗎？思度五嶽，夢遊四海，看山是山，見水是水，我們還有什麼是沒有的呢？」

小和尚又問：「這些東西，塵世間的人們不是也都擁有嗎？」

老和尚笑了笑，回答說：「並不是這樣的！塵世間那些有錢的人，他們的心中整天想著怎樣才能擁有更多的錢；那些有房子的人，心中更多惦記著他們的房子；而有權勢的人，就把他們的心思更多地花費在權勢上……塵世間的人們往往在擁有某項事物的同時，也失去了這項事物之外的所有事物。」

觀望著山水雲月，小和尚終於舒心地笑了。

南懷瑾先生在一次講課時，問學生們說：「我們學佛是否沒有任何懷疑？是否絕對相信？念佛念了幾十年，能不能往生西方？不敢確信。聽說密宗好，趕緊跑去灌頂，好像只要一灌頂，咒子一念，就可以馬上成佛似的，可是真如此相信嗎？結果學密宗咒子念了幾十萬遍，沒有什麼感應，好像也靠不住。」

《華嚴經》提到「信爲道源功德母」，南懷瑾先生講道：「基督說信者得救。其實，信很難。諸位真的信佛嗎？如果我說你不是真信、正信，那你一定會很生氣。對不起，沒有證得菩提以前，都不能算真信、正信，都是迷信，都是妄情地相信。必須『永斷疑悔』，才是真信、正信。疑悔的悔有兩層意思，一是後悔的悔；二是對於自己的思想或行爲，不知對或不對，自己不敢確定，有一點懷疑，這就是悔，所以把疑與悔放在一起。」

4 釋迦佛抬頭悟道悟的是什麼

南懷瑾先生一個研究佛學多年的朋友曾問他：「釋迦牟尼佛十九歲出家，最後抬頭睹明星而悟道，他悟的是什麼？」南懷瑾先生當時回答他說：「他悟的就是那個緣起性空。」

南先生在他的著作中也曾提到過這個問題，他說：「根據《釋迦如來應化史集》的記載，佛在六天之內，先得四禪八定，再得意生身，而後陸續一夜之間證得六神通。第七天的凌晨，抬頭一看。注意啊！釋迦牟尼佛打坐不像我們那麼呆板，頭也不敢抬，他大概也要休息休息。抬頭一看，看到天上的明星，而證悟到了阿耨多羅三藐三菩提。」也就是說，釋迦牟尼佛抬頭悟道，悟的是真正平等覺知一切真理的無上智慧。

文偃禪師幼年時就開始出家學律，後來到睦州參拜陳尊宿。當文偃來到陳尊宿家時，看到大門緊閉，就上前去敲門。陳尊宿就在門內喊道：「你是什麼人？來這裏有什麼事？」

文偃在門外回答說：「我是文偃和尚，因為還沒有悟見自性，所以到這裏來請求您的明示。」

文偃話剛說完，陳尊宿就把大門開了一條縫，看了他一眼後，立即關上了大門，之後裏面再沒有過任何動靜。文偃見陳尊宿不肯開門，心中不甘，就一直敲陳尊宿的家門。接連兩天都是這樣，但仍然遭到了拒絕。

到了第三天，陳尊宿突然打開門，厲聲喝道：「你有什麼事，快說！」說著，還一把抓住文偃。正當文偃準備回答的時候，陳尊宿立即把他推開，斥道：「你真是個大而無用的笨牛！」說完又「砰」地關上了大門。

文偃的腳不小心陷在門裏，被夾傷了。也正是在這一瞬間，文偃突然開悟了。陳尊宿看自己的目的已經達到，就又推薦文偃去參訪雪峰禪師。文偃按照他的指示去做，並得到了雪峰的心傳。

在那個時候，嶺南有一位有名的靈樹禪師，他有很多弟子，卻一直沒有設置首座僧，很多人都因此而勸諫他。剛開始的時候，他回答說：「我的首座僧剛出生不久，現在才出家。」

後來時間長了，他又說：「我的首座僧已經悟道了，現在正遊方呢。」又過了一段時間後，他告訴眾人說：「我的首座僧現在正向這裏來呢。」

此後沒過幾天，靈樹禪師就讓人擊鐘迎接首座僧的到來。鐘聲剛剛響起，寺裏就來了一位僧人，正是文偃禪師。

靈樹禪師說：「我等你很久了，怎麼到今天才來？」說罷，就邀請文偃禪師擔任首座之職。文偃對此也沒有推辭，從此便成了靈樹的首座僧。

沒過多久，廣東劉王打算興兵，就想找靈樹禪師卜問凶吉。靈樹禪師早就料到了這件事，就寫了一封信交給侍者，讓他在劉王到來時轉交給劉王，交代完後便坐化了。

劉王來到的時候，聽說靈樹禪師已經圓寂，感到非常的震驚。侍者把靈樹的遺書呈給劉王看，上面只寫了八個字：「人天眼目，堂中上座。」意思就是說，文偃就是他的禪法的繼承人。於是，劉王就請文偃住持禪法，並待之以師禮，把他請入府內。

後來，文偃禪師到韶陽的雲門山傳播禪法。有一天，有位僧人問文偃禪師如何是清淨法身。文偃禪師回答說：「花藥欄。」

僧人不解，又問：「不起一念還有過錯嗎？」

文偃禪師答：「須彌山。」

僧人又問：「到了此地時又如何？」

文偃禪師答：「金毛獅子。」

之後，僧人又提出了一些禪法上的問題，而文偃禪師的回答依然是東拉西扯，看似風馬牛不相及。文偃禪師正是通過這種方式引導人破除常規，截斷人們日常的思維線路，於不可思議之處悟見禪法的本質。

《金剛經》中有言：「發阿耨多羅三藐三菩提心者，於一切法，應如是知，如是見，如是信解，不生法相。」南懷瑾先生翻譯說：「佛告訴須菩提最後的結論，你要注意啊！真正學大乘佛法，發阿耨多羅三藐三菩提，想求得大徹大悟的人，於一切法，包括世間法，出世間法，應『如是知』，要瞭解知道《金剛經》這些一層一層的道理。『如是見』，要有這樣一個見解，所以有知有見。」

日本近代很多禪師都是和無難禪師的衣缽一脈相傳的，而正受禪師是無難禪師唯一的繼承人。

無難禪師在正受完成學業之後，就準備傳法於他。

這天，無難禪師把正受叫到跟前，對他說：「你是我唯一的傳人，也是唯一將傳受此法的人。我這裏有一本師師相授、代代相傳的書，傳到我這裏已經第七代了。我在這本書裏也加了一些內容，是我多年來的領悟。為表示傳承之意，我現在把它交給你，你要好好保管。」說完，無難禪師就將那本傳了七代，也記載了七代高僧所悟的書交給了正受。

然而，正受卻並沒有伸手去接，而是說道：「我接受的是你不立文字的禪，而且我也非常喜歡這樣的本來面目。既然這本書這麼重要，您還是自己好好保存著吧！」

無難禪師詫異地說：「這點我知道，可是這本書已傳了七代之久，你也可以留著作為承受此法的一種象徵啊！」說著，又再次把書遞給正受。

然而，出人意料的是，正受接過書後就直接把它扔進了室內的爐火中。

這時，悟道後從未發過脾氣的無難禪師怒吼道：「你在幹什麼？」

正受也回吼道：「你在說什麼？」

無難禪師先是一驚，然後看著正受年輕的臉龐，很快就釋然了。他已經老了，而「法」仍會以它自己日新月異的方式傳下去。

南懷瑾認爲，對於一切事物及佛法，不必去追求或刻意擺脫，正如佛經上所說：「緣起性空，性空緣起。」南懷瑾先生說：「是否打坐能夠入定，坐上幾十天，佛法就不得了嗎？不，定是共法，即使能坐上一萬年也沒有用。佛法還有不共法，此爲其他宗教及一切外道所無，那就是般若智慧——性空緣起，緣起性空。成佛是智慧的成就，不是盲目的迷信，也不是功夫的累積。由修止以後再修觀，由觀而成就慧，觀是慧之因，慧是觀的果。」

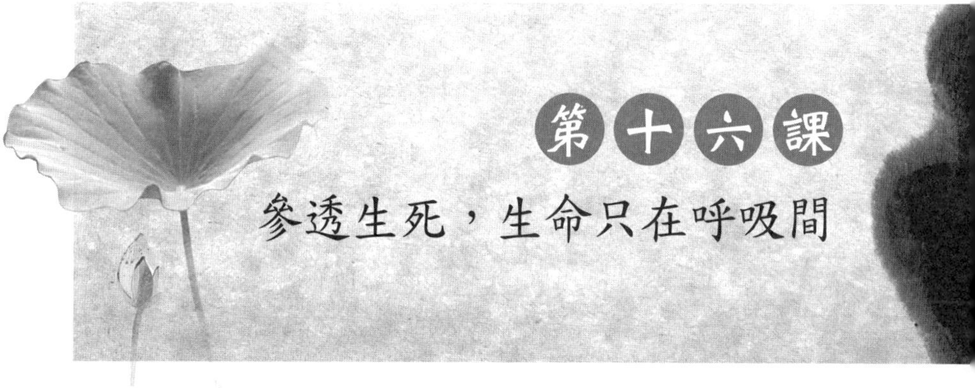

第十六課

參透生死，生命只在呼吸間

1 雲水隨緣，隨遇而安的境界

佛說：緣由心生，隨遇而安；心無掛礙，一切隨緣。

南懷瑾先生說：「中文有一句俗語：『隨遇而安。』安與住一樣，但人不能做到隨遇而安，因爲人不滿足自己，不滿足現實，永遠不滿足，永遠在追求一個莫名其妙的東西。理由可以講很多，追求事業，甚至於有些同學說是爲了追求人生，學哲學的人說爲了追求真理。這個都是人爲的藉口。所以說，在人生過程上，『隨遇而安』很難。」

有一天午後，天空中突然下起雨來，路上的人們急忙跑起來，有一個頭腦不太聰明的人卻一直低著頭在雨中慢慢走著。

有從他身邊經過的人對他喊道：「嗨，傻瓜，你怎麼不快點跑啊，沒看見在下雨嗎？」

「跑什麼，前面不是也在下雨嗎？」那人不急不徐地回答。

是啊，前面也同樣在下雨，跑與不跑都要淋雨，只不過是多淋一點、少淋一點的區別罷了。

南懷瑾在《金剛經說什麼》一書中說：「佛說，你要知道，人世間認爲的大福報，就是錢多、壽命長、兒女多、兒女好，樣樣都好，好得沒有再好了。可是，過去心不可得，未來心不可得，都沒有用。所以說，人生啊，都是理想，都想把明知道抓不住的現實世界拼命抓住。」

心靈的寧靜是「山崩於前而色不變」的冷靜與耐心的自我控制，更是一種與生活的苦難長期鬥爭和超越而沉澱出的成熟。

弘一法師遊歷到杭州的時候，已經身無分文了。幾個原本準備接待弘一法師的故交因為日寇大軍壓城，忙於送家人避難而沒有等到弘一法師。

弘一法師就一路打聽，找到了西湖邊上的靈隱寺。

弘一法師前去敲門，來開門的是一個小和尚，他並不認識弘一法師，於是不耐煩地說：「現在城外日寇大軍壓境，我們寺裏的和尚也都各自逃命去了，現在只剩下我跟師傅兩個人，哪裡還能顧得上你這雲遊的僧人呢？你還是趕快到別處去謀出路吧！」

還沒等弘一法師說什麼，小和尚就「咚」地關上了寺門。無奈的弘一法師只得離開了靈隱寺。

但是他無處可去，只好沿西湖信步走著。此時正值盛夏，湖中荷花盛開，弘一法師不由地停下腳步，看著潔白的荷花像雲朵一樣綻開在湖面上，並遙對荷花在岸邊坐了下來。

中午的時候，靈隱寺裏的那個小和尚經過湖邊，見早上被他拒絕的雲遊僧人沒有遠去，就好奇地走上前去說：「你怎麼在這裏坐著啊，還不趕快到別處去逃命？」

「你也坐下來看看吧，這荷花開得多好啊！」弘一法師頭也沒回地回答說。

小和尚一怔，不明白這個僧人在想什麼，但他還是勸弘一法師說：「你還是趕快走吧！荷花開得再好，也沒有性命要緊啊！」

弘一法師依舊癡癡地遙望著湖水中的荷花，沒有再答話。小和尚看自己勸說無效，只好嘆息一聲，然後走開了。

小和尚回到寺裏後，就對方丈說：「早上不知道是從哪裡來的一個僧人，要到咱們寺裏來，我沒讓他進來，還勸他趕緊去逃命，沒想到他竟被西湖中的幾朵荷花迷住了，到現在還在西湖邊賞荷呢。」

方丈一聽，立刻責怪小和尚說：「這樣的僧人一定是得道的高僧，你怎麼不把他請回來呢？」

小和尚不解地說：「我看他那樣子，倒像是個瘋僧，哪裡會是什麼得道高僧呢？」

「幾朵荷花能讓他如癡如醉置生死於度外，可見他是真的做到了四大皆空、心地澄明啊。」方丈嘆了口氣，接著說道，「一個在戰火下還能胸藏荷花的人，即便不是佛，也是距佛不遠的人。這樣的人怎麼能不是高僧呢？」說完，方丈立刻讓小和尚帶路，他要親自出寺去尋找弘一。

兩人來到湖邊的時候，弘一法師果然還在觀賞著湖裏的荷花。方丈忙上前施禮致歉，並請弘一法師移步到靈隱寺。弘一法師聽到方丈說話，就回過頭來，用手指著那片荷花說：「看，那荷花開得真好啊！」

隨遇而安可以讓人保持一種寧靜的心態，而這種可以過濾出淺薄粗陋等人性的雜質，去除生活中許多紛雜的浮躁。安之若素、沉默從容，往往要比氣急敗壞、聲嘶力竭更顯涵養和理智。隨遇而安是一種修養，一種境界，一種充滿內涵的悠遠。

南懷瑾先生說：「人到了晚年，本來可以享清福了，但多數人反而覺得痛苦。因爲一旦無事可管，他就活不下去了。有許多老朋友到了享清福的時候，硬是享死了，他害怕那個寂寞，什麼事都沒有了，怎麼活啊！」因此，他常常在講學時對青年學生們說：「一個人要是會享受寂寞，那就差不多了，可以瞭解人生了，體會到人生更高遠的一層境界。」

2 思考死的意義，收穫生的徹悟

《圓覺經》中說：「一切眾生於無生中，妄見生滅，是故說名輪轉生死。」也就是說，真正的生命是生而不生的，是無生的。

那麼，什麼是生滅呢？南懷瑾先生在一次講課時解釋說：「例如，我現在講話，各位在聆聽抄寫，動一下，顯出一個現象來，經過一段時間空間，又消滅了，一生一滅，一來一往，我們眼睛所看到的、耳朵所聽到的，乃至心裏所想的，這一切的一切都是生滅法。假如我們被這些生滅的現象所轉，就是凡夫；假如能夠發覺在這生生滅滅之中，有個不生不滅的，生而不生，滅而不滅，動而不動，無形無相，就可以如佛經所說：『證無生法忍，登菩薩地。』就可以不須斷除生滅，就不在生死之中。」

傳說老子在一次出行時路過函谷關，給當地的府衙留下了長達五千字的《道德經》，當地有一個年逾百歲的老翁聽說後，就趕到府衙去找他。老子在府衙前遇見了這位鶴髮童顏的老翁。

「我聽說先生很有學問，就有幾個問題想要向先生請教。」老翁對老子略略施個禮後說道。

「您請說。」老子還禮後說道。

這時，老翁就開始得意起來，他說：「我今年已經一百多歲了。實不相瞞，從年少時期直到現在，我都沒有怎麼勞累過，可以說是過著一種遊手好閒的日子。現在，跟我年紀相仿的人們都已經先後去世了，他們生前一直都在辛勤勞作，他們開墾了百畝的良田，也建成了好幾座房屋，可是他們現在呢？只不過是置身於荒郊野外的孤墳罷了。」

老翁停頓了一下，接著說：「再看看我自己，我從來沒有做過農活，也沒有為自己添過一磚一瓦，但是我卻依然能夠居住在一個避風擋雨的房舍中。他們忙忙碌碌勞作一生，到最後只是給自己換來一個早逝，我現在是不是可以嘲笑他們的愚蠢呢？」

聽完老翁的話，老子微微一笑，讓人找來一塊磚和一塊石頭。老子將磚頭和石頭放在老翁面前，說道：「如果磚頭和石頭二者只能選其一，請問您願意選哪個？」

「我當然選取磚頭。」老翁把磚頭取來放在自己的面前說。

「為什麼呢？」老子笑著問老翁。

老翁指著石頭，得意地說：「磚頭是用得著的東西，而這石頭沒稜沒角的，沒法用。」

「大家要石頭還是要磚頭？」老子又向圍觀的眾人問道。

大家都說不要石頭要磚頭。

老子回過頭來問老翁：「那你說說是磚頭壽命長呢，還是石頭壽命長？」

「當然是石頭了。」老翁回答說。

「石頭的壽命比磚頭長，可是人們卻寧願選擇磚頭而不選壽命更長的石頭。」老子笑著說道，「壽雖短，於人於天有益，天人皆擇之，皆念之，短亦不短；壽雖長，於人於天無用，天人皆摒棄，倏忽忘之，長亦是短啊。」

老翁聽完老子的話，頓時感到十分羞愧。

人生的意義不在於壽命的長短，而在於是否作出了貢獻，是否活得有價值。如果活著對人、對己都不能做出一些有用的事，即使壽命再長，又有什麼意義呢？

南懷瑾先生說：「今天我們講的、聽的、一切所作所爲都是假的。人生如戲，要曉得我們現在是在唱戲，演父母的就要像父母，要演得大家都叫好。但是，不要忘了你是在唱戲，唱完戲，卸了妝，都要到殯儀館報到去，這一切都是假的。但是，一般人唱戲都唱昏了頭，上了臺就下不來，上臺容易下臺難。」

宋朝的時候，有一位名叫曹翰的將軍，在一次打完仗後，他帶領著軍隊路過廬山的圓通寺。因為大家都知道曹翰的軍隊風紀不好，所以一聽說他們已經到了廬山腳下，圓通寺裏除了住持緣德禪師端坐法堂不動外，寺裏的其他僧人們都被嚇得四處逃散了。

曹翰到圓通寺的時候，看到法堂上坐著一個老和尚，就叫他。沒想到這位老和尚卻對他不理不睬，甚至連看都沒看他一眼。曹翰對此非常生氣，他大喊道：「老和尚！我和我的士兵們路過這裏，只想在貴寺借宿幾天，讓士兵們好好休息一下。你不打聲招呼也就算了，叫了你幾聲，你居然還敢不理本將軍，難道你不知道面前站著一個殺人不眨眼的將軍嗎？」

「你如此無禮地站在佛前咆哮，難道就不怕因果報應嗎？」緣德禪師平靜地回答道。

曹翰聽後更加氣憤：「我才不信什麼報應不報應，你難道不怕死嗎？」

「難道你不知道面前坐著一個不怕死的禪僧嗎？」緣德禪師提高了聲音說道。

對於禪師的膽量，曹翰感到非常訝異，同時對禪師的定力也產生了敬佩之意。這次，他禮貌地問道：「請問禪師的法號是？」

「我是緣德。」緣德禪師平靜地回答。

曹翰早就聽說過緣德禪師的大名，只是沒想到他現在就在自己面前。於是，他趕忙跪下來致歉：「原來您就是緣德禪師，真是失敬，失敬！」

面對強權，只有將生死置之度外的人，才會更加有震懾人心的力量。

佛說：生即是死，死即是生。南懷瑾說：「生生死死是現象的變化，我們那不生不死的真我，並不在此生死上，你要能找到這真生命，才可以了生死。注意，我們那不生不死的道，『非作故無』，不是造出來的，也不是修出來的……你修它沒有多，你不修它也沒有少，它不是造作出來的。空本來就是空，不是你修出來的。」

3 當下即是佛境

佛常勸諫世人要「活在當下」。《般若波羅蜜多心經》中說：「悟道者不因利害、毀譽、褒貶、苦樂等而動搖，畢竟這一切遲早都會成爲過去。」南懷瑾先生也說：「人生以人生爲目的，好好活在當下，人生的重點就是眼前。人必須全神貫注於當下，全身心地投入現在的生活當中，當下的幸福才是幸福。」

一位老居士向清淨法師訴說了自己所經歷的種種苦難，尤其說到小時候遭後母虐待時，他更是淚流滿面。

清淨法師看他已經六十多歲了，卻仍不能正確對待過去的傷痛，以至於被這些傷痛折磨了將近六十年。清淨法師勸解他不要總把這些放在心上，牢記昨日的傷痛，既苦了自己，也無法慈悲別人。

南懷瑾先生說：「過去的思想已經成爲過去，不復存在了；未來的思想還沒有來，當然也不存在；現在呢？也沒有一個現在，剛才現在，現在立刻變成過去了。宇宙間沒有過去，也沒有未來，只有現在，永遠都是現在。但是，現在也無法把握，它不斷流逝，這種現象，我們暫且稱之爲『空』。」

在一座寺廟裏，一隻聽了一千年禪理的蜘蛛在佛法的薰陶下，漸漸也悟出了一些禪理。蜘蛛覺得檀香好聞，但是一陣風吹走了檀香所留下來的所有香味。

這時候，佛祖來到牠的身邊問牠：「你說，人世間最痛苦的是什麼？」

蜘蛛想起了被風吹走的檀香，嘆了口氣說：「人世間最痛苦的是得不到和已失去。」佛祖無奈地離去了。

一千年後，蜘蛛織了很大的一張網，突然有一滴甘露掉到了網上。蜘蛛覺得甘露很美，可甘露也被風吹走了。當佛祖再一次問蜘蛛那個問題時，蜘蛛想到了甘露，便很傷心地說：「人世間最痛苦的是未得到和已失去。」

聽了蜘蛛的回答，佛祖決定讓蜘蛛到人間走一遭。蜘蛛投胎成為了官家千金蛛兒。

後來，狀元甘鹿受封，蛛兒同許多小姐都鍾情於他的才華。不料，皇上將長風公主賜給了狀元。蛛兒很傷心，大病不起。愛戀蛛兒的太子總是陪在她的身邊，但蛛兒從不多看他一眼。

佛祖再一次來到了蛛兒面前，問她：「蛛兒，你現在覺得人世間最痛苦的是什麼？」

蛛兒仍說：「人世間最痛苦的是得不到和已失去。」

佛祖搖了搖頭，說：「甘露本是風帶來的，那甘鹿也是長風公主帶來的，自然也應該由她帶走。而太子本是在你網邊守護你三千年的草，可你卻從不看他一眼。人世間最痛苦的不是得不到和已失去，而是忽略了現在的幸福。」

如果問什麼是最珍貴的，那就是我們現在所擁有的，比如我們身邊的親友，我們已經擁有的人生經歷，我們的生命……只要我們靜下心來，仔細品味已經擁有的一切，就會發現一切的美好事物就在我們身邊。

南懷瑾先生在一次講佛學課時說：「你現在這個樣，不坐也不臥，不來也不去，現身就是佛，既沒有動壞念頭，也沒有生好念頭，此心平平靜靜，不起分別，當下就在如來的境界裏！」

每個人都擁有幸福，這個幸福就是現在，就是當下。南懷瑾先生在講佛經時說：「事如春夢了無痕，一切的事情過了，像春天的夢一樣，人到了春天愛睡覺，睡多了就夢多，夢醒了，夢留不住，無痕跡。人生本來如大夢，一切事情過去就過去了，如江水東流，一去不回頭。老年人常回憶，想當年我如何如何……那真是自尋煩惱，因爲一切事都不能回頭，像春夢一樣了無痕……所有的喜怒哀樂、憂悲苦惱，當我們在這個位置上坐下來的時候，一切都沒有了，永遠拉不回來了。」

一個剛入佛門的小和尚，每天要早起清掃寺院裏的落葉。這個工作看似簡單，但是並不輕鬆，小和尚每天早上都要花費許多時間才能清掃完樹葉。尤其是到了秋末，每一次起風時，樹葉總會隨風飄落在地，這讓小和尚煩惱不已。

後來，小和尚就想：「每天打掃落葉之前，我先用力搖樹，把落葉統統搖下來，那明天就不用辛苦地掃落葉了。」小和尚照著自己的想法做了，然後心裏很高興，因為這下明天就沒有落葉了。

可第二天，小和尚出門一看，不禁呆住了。院子裏的落葉還是和平常一樣多，根本沒有減少。這時方丈走了過來，意味深長地對小和尚說：「傻孩子，不管你今天怎麼用力，落葉明天一樣還是會飄下來啊！」

過早地爲將來煩惱和憂愁，不僅於事無補，還會白白破壞自己今天的好心情，讓自己活得更累更苦。事實上，生命只在今天，誰也無法預知明天會發生什麼，最主要的是欣賞自己眼前的每一點進步，享受每一天的陽光，把握好每一個今天。

4 靜心，方能品出人生真味

佛經上有句話說：「身外無心不著魔。」南懷瑾先生爲我們解釋說：「如果我們曉得這個身體是假的，暫時借來用的一個工具，向爸媽借來用幾十年，就真到了無心之處。什麼叫無心呢？一切妄念來不理，它本來是水上的波紋，又何必理它呢？如果我們不瞭解自己心性的本來，不瞭解思想、感情都像水上的波紋一樣是假的，就會被水上的波紋所騙，而忘記自己水的本性。」

明慧和尚住在深山一座寺廟中潛心修行，但每次打坐入定時，明慧眼前都會有一隻大蜘蛛，張牙舞爪地來跟他搗蛋。明慧雖然不害怕，但卻因此無法靜下心來修行。

明慧十分苦惱地去向祖師求教：「每次我一入定，大蜘蛛就出現了，無論我怎麼趕牠，牠就是不走，請師父為弟子指點迷津。」

祖師驚異地說道：「啊，有這種事情嗎？這樣吧，下次你入定的時候，拿一枝筆，等蜘蛛出現時，就在牠肚子上畫個圈，讓我看看牠是何方怪物，也好為你斬除牠。」

又一次入定的時候，蜘蛛果然又出現了，明慧和尚用事先準備好的筆飛快地在牠肚子上畫了一個大紅圈。蜘蛛一點防備也沒有，倉皇地逃走了，而明慧和尚很快便安然入定了。

然而，待他出定一看，赫然發現自己肚子上有一個大紅圈！明慧和尚恍然大悟，原來阻撓自己修行的就是自己啊！

南懷瑾先生說：「學佛禪坐之真正目的，乃在於求得身心寂滅，而不是爲了頭疼、腎臟病等各種病痛，或是除去煩惱、逃避現實等等。一般人學佛打坐，都是『垂老投僧，臨死抱佛』的心理，不然就是像做生意一樣貪求好處。」

有一位年輕人，常常向家人抱怨說在國外工作辛苦、孤獨寂寞，可回到家後還是抱怨。他說人家外國的公共場合就算是人再多，也都還都是雅靜有序的，可是老家呢？人稍多一點就覺得很嘈雜，天天大人喊、小孩叫的，很是令人心煩。

年輕人在家才住幾天，就開始嫌空氣太沉重，要麼就是嫌媽媽太嘮叨。年輕人一個人在外面自由慣了，習慣了晚睡晚起的生活。但是在家裏：「晚上十一點就要喊睡覺，早晨七點鐘就要被拖起來，一天至少要打五個電話問我在幹什麼。」年輕人為此感到很痛苦。

有一天，年輕人跟他的父親一起喝茶，他一直說在國外時的種種好處，比如空氣多麼乾淨，人與人相處多麼簡單，道路多麼通暢……說完就把杯子裏的茶一飲而盡。

父親慢慢地呷了一口茶，語重心長地說：「孩子，其實任何環境、任何生活都有利有弊，關鍵是我們持怎樣的心態去面對、去體味。比如，你在國外是不是有舉目無親的孤獨感？可這裏沒有，親情圍繞著你，父母愛的目光注視著你，可口的飯菜在桌上等你吃，這些都是你在異鄉無法享受到的。你看你做什麼都急躁，靜不下心來，怎麼能體會到生活的美好呢？」

內心浮躁喧囂，沒有靜如鏡湖的從容心態，你怎能品味出生活的真味呢？你又怎麼能獲知「寵辱不驚，笑看庭前花開花落；去留無意，漫隨天外雲卷雲舒」的趣味呢？生活其實很美好，倘若能靜下心來，不論你身在何處，都能感受到「此處即是天堂」。

南懷瑾先生說：「寂靜，就是徹底清淨的人，喜歡住山，自然就有一個寂靜的廟。廟在哪裡？廟就在你心中。」

5 生不快活，莫若死去

彌勒菩薩說，成佛的境界即非常偉大、清淨、光明、快樂、自在。

古人云：「天下富貴者有三：貴莫大於無罪，樂莫大於無憂，富莫大於知足。」南懷瑾先生在講解《圓覺經》時說：「什麼才是圓覺自在的境界呢?那必須如《維摩經》上所講的『煩惱即菩提』，無論在任何髒亂、煩惱、痛苦的環境裏，都一樣清淨、快樂。」

有一位老禪師，說自己無論如何都是快樂的，從四面八方來的人們就紛紛向老禪師請求快樂的秘訣。

有人問老禪師說：「假如你在走路的時候，突然掉進一個水坑，出來後渾身都是泥水，你還會感到快樂嗎？」

「當然，幸虧掉下去的是一個水坑，而不是深淵。難道這不值得高興嗎？」老禪師答道。

又有人問：「如果你一個親人也沒有，你還會快樂嗎？」

老禪師答道：「當然，幸虧我沒有的是親人，而不是我自己。這也是一件值得慶幸的事啊！」

一個年輕人問道：「假如你被人搶走了身上的財物，你還會高興嗎？」

老禪師說：「當然，我會高興地想，幸虧我沒有被他們打一頓，只是被搶了一些錢而已，沒什麼大不了的。」

一個婦人問道：「假如你去讓大夫給你拔牙的時候，大夫留下了病牙而錯拔了你的好牙，你還會高興嗎？」

老禪師回答說：「幸虧他錯拔的只是一顆牙，而不是我所有的牙齒。這也是值得高興的事。」

一個老者問道：「那假如你馬上就要失去生命呢？」

老禪師越說越高興：「我還是會高興地想，我終於走完了人生之路，隨後我就可以去參加另一個令人高興的宴會了。」

《圓覺經》中有句話說：「回入塵勞，當設幾種教化方便度諸眾生？」南懷瑾先生解釋說：「我們生活的世界叫塵勞，在這個世界中生活的人都勞勞碌碌過一生叫塵勞。塵勞這兩個字，在文學境界上非常美，再加上煩惱兩個字，成爲塵勞煩惱，則更美，詩詞歌賦中經常用到這幾個字。」

一天傍晚，兩個非常要好的朋友在林中散步。這時，有個小和尚從林中驚慌失措地跑了出來，兩人見狀拉住小和尚問：「小和尚，你為什麼如此驚慌，發生了什麼事情？」

小和尚忐忑不安地說：「我正在移栽一棵小樹，卻忽然發現了一罈金子。」

這兩人聽後哈哈大笑，責怪小和尚沒見過世面，並說：「挖出金子來有什麼好怕的，你應該高興才對啊！」

然後二人靈機一動，便又接著問道：「你是在哪裡發現的？告訴我們吧，我們不怕。」

小和尚說：「你們還是不要去了吧，那東西不一定是好的，沒準兒會吃人的。」

這兩人又一陣哄笑，異口同聲地說道：「我們才不怕哩！快告訴我們吧！」

小和尚只好告訴他們金子的具體地點。兩人聽後飛快地跑進樹林，果然找到了那罈金子。

朋友甲說：「如果我們現在就把黃金運回的話，不太安全，還是等到天黑以後再說吧。這樣吧，我留在這裏看著，你先回去拿點飯菜，省得到時候沒有力氣搬運。」

朋友乙覺得有道理，便馬上回去取飯菜了。

留在此地看守的甲心想：「我要是能將這些黃金全部據為己有，一定會成為世界上最幸福的人。等他回來，我就一棒子將他打死，這些黃金就都是我的了。」他甚至想著想著笑出了聲來。

沒過多久，乙提著飯菜回來了。甲趁其不備將之打死，然後一個人開始獨享起了晚餐。不一會兒，他覺得有些不對，肚子就像火燒一樣痛，接著便口吐白沫，不幸身亡了。原來，乙也想獨佔這罈金子，就在飯菜裏下了毒，想要將甲置於死地。

擁有金錢未必會快樂，因爲人們經常在富貴的誘惑中迷失自我，忘記生活的本意，結果得到的財富越多，失去的幸福也就越多。

有一個常年生活在海邊的漁夫，「起床、吃飯、打漁、回家、看晚霞」幾乎可以概括他全部的生活內容。他每天都覺得自己的生活很快樂。

有一天，一個從這裏路過的富商看到他很悠閒，就問道：「你每天能打多少條魚？」

「很多。」漁夫答。

「那你怎麼只打這麼幾條就回來了呢？」

「這些已經足夠我吃了。」漁夫對富商的問題有些不解。

富商就對漁夫說：「如果你每天能夠多打一些魚，然後把它們拿到城裏去賣，這樣你每天都可以賺一點錢。堅持幾年後，你就有足夠的錢辦一個加工廠，或許你將來還可以在全國辦分廠。」

漁夫說：「那又怎麼樣呢？」

「這樣的話，你就可以擁有一大筆家產。」富商說道。

「那又怎麼樣呢？」漁夫仍問。

「那樣你就可以什麼都不用幹了，可以每天躺在沙灘上曬太陽……過上無憂無慮的生活。」

漁夫說：「我現在的生活不正是這樣嗎？無憂無慮……」

富翁啞然。

南懷瑾先生在講《金剛經》時說：「涅槃翻譯成寂滅，雖然包含了清福的道理，但是在表面上看來，一般人不大容易接受。實際上，涅槃是個境界，就是涅槃經裏提出來的『常樂我淨』的境界。也就是說，你找到了這個地方，永遠不生不滅，就是心經上說的『不生不滅，不垢不淨』，常樂，永遠如此，是一個極樂的世界。那才是『我』，我們生命真正的『我』，不是我們這個幾十年肉體，卵生、胎生、濕生、化生，會變去的我，那個真我才算淨土，也就是涅槃的境界。」

新修版

南懷瑾大師的16堂課

作者：張笑恒
發行人：陳曉林
出版所：風雲時代出版股份有限公司
地址：10576台北市民生東路五段178號7樓之3
電話：(02) 2756-0949
傳真：(02) 2765-3799
執行主編：朱墨菲
美術設計：吳宗潔
業務總監：張瑋鳳

新版一刷：2024年12月
版權授權：馬峰
ISBN：978-626-7510-14-8

風雲書網：http://www.eastbooks.com.tw
官方部落格：http://eastbooks.pixnet.net/blog
Facebook：http://www.facebook.com/h7560949
E-mail：h7560949@ms15.hinet.net
劃撥帳號：12043291
戶名：風雲時代出版股份有限公司

風雲發行所：33373桃園市龜山區公西村2鄰復興街304巷96號
電話：(03) 318-1378
傳真：(03) 318-1378
法律顧問：永然法律事務所 李永然律師
北辰著作權事務所 蕭雄淋律師

行政院新聞局局版台業字第3595號 營利事業統一編號22759935

定價：440元

國家圖書館出版品預行編目資料

南懷瑾大師的十六堂課 / 張笑恒著. -- 再版. -- 臺北市：風雲時代出版股份有限公司, 2024.11 面； 公分

ISBN 978-626-7510-14-8 (平裝)

1.CST: 佛教修持 2.CST: 人生哲學

225.87 113013898